Le Mystère Tex Avery

Du même auteur

Le Dessin animé après Walt Disney
Pauvert, 1961

L'Érotique du surréalisme
Pauvert, 1965

Vroom, Tchac, Zowie !
Balland, 1968

Bonjour, Monsieur Lewis
Losfeld, 1972

Le Taureau irlandais
Filipacchi, 1974

Les Dingues du nonsense
Balland, 1977; rééd. 1984
Seuil, coll. « Point-Virgule », 1986

Les Marx Brothers
Seghers, 1980

Alain Resnais, arpenteur de l'imaginaire
Stock, 1981

Le Regard de Buster Keaton
Herscher, 1981

Woody Allen au-delà du langage
Herscher, 1985

John Huston, la grande ombre de l'aventure
Lherminier, 1985

À PARAÎTRE

Bonjour, Monsieur Lewis
Seuil, coll. « Point-Virgule », 1988

Robert Benayoun

Le Mystère Tex Avery

Éditions du Seuil

Photogrammes de Paul-Louis Thirard.

Nous remercions la revue *Positif*, Bernard Cohn, Petr Kral, Dominique Rabourdin, Louis Seguin, Paul-Louis Thirard pour toutes les citations qui proviennent de textes publiés. Nous remercions les services juridiques de la Metro-Goldwyn-Mayer pour les photos tirées de certains films.

COLLECTION DIRIGÉE PAR NICOLE VIMARD
AVEC EDMOND BLANC ET CLAUDE DUNETON

En couverture : photo de Tex Avery,
archives Robert Benayoun

ISBN 2-02-009870-9.

« Le mystère mange notre bifteck. »

Benjamin Péret.

PRÉFACE

La Gloire dans l'Obscur

« Il n'y a pas de Budapest. Vous confondez peut-être avec Bucarest mais il n'y a pas non plus de Bucarest. »

Robert Benchley.

Tex Avery, promu depuis dix ans vedette incontestée de la télévision française, au même titre que Tintin ou Astérix, que les Shadoks ou Goldorak (une promotion hexagonale ardue et méritée), est devenu, grâce à nos ciné-clubs de chaînes qui se disputent son catalogue et s'arrachent ses incunables, une icône incomparable pour tous les cinéphiles, pour le public enfantin qui l'idolâtre et pour les usagers de magnétoscope, qui se sont enregistré à l'antenne une cassette ou trois de ses œuvres (bientôt) complètes. Plagié par ses émules, pillé éhontément par nos publicitaires, connu par cœur par nos familles reconnaissantes, il nous envahit et nous comble en permanence, avec des périodes de pointe à l'heure des réveillons, où les programmes d'hommage se multiplient à la demande générale.

Et pourtant il est mort complètement oublié dans Hollywood qui l'a fait naître et dans le cinéma qu'il a tout entier enrichi de son imaginaire fulgurant. Il avait vécu de même, dans un incognito total pris comme allant de soi, méconnu, alors que ses cartoons faisaient rire aux larmes le monde entier. Pendant ses soixante et onze années de vie, et après quelque trois cents films de huit minutes (mais est-il bien utile de minuter l'inqualifiable, d'enrubanner au mètre le génie ?), cet homme, dont on peut écrire le nom au côté de celui de Walt Disney, pôle opposé, sans savoir à coup sûr lequel est le plus grand, n'a jamais su ce qu'il faisait, sauf qu'il y trouvait du plaisir, et s'est jovialement accommodé de cette surprenante oblitération.

Il a été le Fantôme du Dessin animé, une probabilité très discutée, une supposition hasardeuse, un point d'interrogation majuscule et le plus évasif des hommes célèbres. Pour ses contemporains très immédiats, il a vraiment été l'une des légendes les plus tenaces, les plus obstinées et les plus extraordinaires de l'animation moderne, l'éléphant blanc, le Moby Dick de l'image par image, et les images excessives pleuvent volontiers sur ce poète de l'excès. Personne à Hollywood n'étant capable de le décrire ou de le situer, on a pensé pendant de longues années qu'il n'était qu'un prête-nom et qu'en fait il n'existait pas, qu'il n'y avait pas du tout de Tex Avery. Il existait si bien, comme on va voir, que je l'ai rencontré.

Vingt-trois ans plus tard, le mystère est élucidé (partiellement) et bien de l'encre a coulé sur ce fabuleux météore. Pourtant, on recense encore ses films éparpillés aux quatre coins du monde dans des contretypes d'exportation que les filmothèques des chaînes télévisées ont engrangés dans le désordre, que les cinémathèques d'État copient comme des trésors redécouverts ou restaurés de Louis Lumière ou de Griffith, et on attend encore que le puzzle entier se reconstitue, que les cartoons inconnus resurgissent pêle-mêle du smog jaloux de l'inexploré.

Aujourd'hui encore, il m'arrive, dans une quelconque chambre d'hôtel aux États-Unis, de tourner le bouton d'un récepteur aux heures matinales réservées aux enfants où les dessins animés ont un permanent droit de cité et de découvrir, en prenant fébrilement des notes, un Tex Avery que j'ignorais, sinon par l'énoncé de son titre dans une filmo, ou que je ne connaissais que par ouï-dire. Si le Disney Channel bien quadrillé exploite en permanence l'œuvre considérable du maître de Burbank, les films de Tex Avery, répertoriés en périodes identifiables mais estompées, se répartissent selon les firmes qui l'employèrent, et qui toutes le revendiquent après sa mort : il y a les Avery de la Universal, ceux de la Warner et ceux de la Metro-Goldwyn-Mayer, comme il y a les Picasso de la période bleue, les Chirico de la période métaphysique, et les Miró de la période figurative. Ils ont leurs caractéristiques ; leur style est défini avec la précision du nombre d'or. Cela se sait un peu partout dans les chaumières ; les cinéphiles ne les confondent pas entre eux, mais ils veulent les connaître tous et les ranger, qui sait, sur l'étagère, comme l'intégrale de la « Pléiade ». Ils vivent encore dans une expectative troublée et frémissante, comme vibrant à la pensée du retour fatal de Zapata, de Zorro ou de la Zarzuela. Ce livre-ci leur est dédié.

I

Le Dossier Dévoilé (et ses Affreux Détails)

« Un éléphant se laisse caresser. Le pou, non. »

Lautréamont.

L*A GENÈSE du Mystère est peut-être dans ce « Dossier Tex Avery » que je publie dans la revue* Positif *en août 1963 :* Comme le savent ceux qui ont lu l'auteur de *la Menace du toast beurré*, la « Correspondance Benchley-Whittier », publiée jadis par le *New-Yorker*, se composait uniquement des lettres que Robert Benchley écrivit à Whittier pour réclamer la restitution de son parapluie, et que le grand écrivain laissa obstinément sans réponse. Il s'en est fallu de peu que le dossier Tex Avery que j'avais promis de publier ici ne comporte en tout et pour tout que les lettres que j'expédie, depuis douze ans, au père de Swing Shift Cinderella.

Il est facile de déchiffrer le secret de Charles Foster Kane, aisé de harponner la Baleine blanche, enfantin de retrouver Bloom dans les rues de Dublin, ou de reconnaître Livingstone en blanc sur noir. Mais il est peu commode de correspondre avec un fantôme facétieux épris de bougeotte, qui quitte les studios plus vite qu'il n'y entre, et qui doit avoir pour la main à plume une phobie de type dépressif.

C'est en 1951 que, préparant le premier numéro de la revue *l'Age du cinéma*, j'avais écrit à Tex Avery, aux bons soins de Fred Quimby, à l'adresse des studios Metro-Goldwyn-Mayer, dont il était alors le fleuron multidimensionnel. Cette lettre, étant la première, fut nécessairement la plus enthousiaste, la plus riche en épithètes flatteuses et en marques d'admiration. Me parvint, en réponse, une lettre de son producteur Fred Quimby accompagnée de sa photographie et de son autobiographie. Sur Tex Avery, pas un mot. A la rédaction de *l'Age du cinéma*, dont la perplexité se coupait au couteau, vint l'idée fugitive que peut-être Tex Avery n'était qu'un avatar de Fred Quimby, et que toute conclusion tirée désormais sur la personnalité du grand Tex pouvait être considérée comme hâtive.

Dans le n° 1 de *l'Age du cinéma*, paru en mars 1951, Abner Lepetit (qui m'enlevait littéralement les mots de la bouche) écrivait : « Auprès de ce Mad Hatter swiftien, Walt Disney fait vraiment figure de Pygmée. » Puis, lorsque apparurent sur les écrans les premiers Tex Avery produits par la Universal, l'hypothèse Quimby fut, avec le soulagement qu'on devine, jetée aux orties. Il y avait bien, caché sous le nom de Tex Avery, un personnage aussi évasif que l'horizon, mais aussi reconnaissable que le Fuji-Yama, qu'une bouteille de Jack Daniel's ou que Mr. Zero Mostel. Bien vite j'écrivis à M. Walter Lantz, de la Universal : il n'eut même pas la bonté de m'envoyer sa photographie, que j'imagine renversante.

Je prenais pourtant envers lui toutes les précautions imaginables, en écrivant à « Tex » : « J'espère que M. Lantz ne verra pas d'inconvénient à ce que je vous félicite, si l'on veut, derrière son dos : il est lui-même un assez grand talent pour n'y pas objecter, j'en suis certain. » Et j'ajoutais, pour plus de sûreté : « Demandez à M. Lantz, que j'admire beaucoup, de m'envoyer quelques photos de la saga Woody Woodpecker, par exemple de *Termites From Mars* ou de *Operation Sawdust*, ainsi qu'un portrait de lui-même. » Mais cette perche elle-même, laborieusement tendue, ne provoqua aucune réaction.

En revanche, j'avais reçu de Fred Quimby un article intitulé « Making Cartoons in Hollywood », daté du 7 octobre 1961, où figurait le passage suivant : « La meilleure preuve que nos efforts n'ont pas été vains, c'est que nous avons reçu de nombreux rapports favorables de la presse et du grand public. Récemment, par exemple, le magazine littéraire *l'Age du cinéma* a largement complimenté notre série de Tom et Jerry, ainsi que nos cartoons dirigés par Tex Avery. De ce dernier, le critique Abner Lepetit a rendu hommage à *Slap-Happy Lion*, *King-Size Canary* (ci-dessous) et *Half-Pint Pygmy*. Dans les films dirigés par Avery, nous employons une dose considérable de dialogues, tandis que dans Tom et Jerry nous

avons recours à la pantomime. Les deux méthodes ont largement porté leurs fruits. La série Droopy, qui a pour vedette un minuscule chien, est aussi dirigée par Avery. Droopy est un modèle de vertu. Il fait toujours ce qui est honorable, bien que Spike, le bouledogue brutal, tente de prendre l'avantage. Droopy, bien sûr, est toujours le vainqueur... »

Les années s'écoulaient, et *Positif* publiait des articles sur notre *vanishing Indian* [1]. D'autres admirateurs obstinés, comme André Martin, se livraient en vain à des investigations très complètes. Mais le mystère demeurait. Enfin, en 1960, je rencontrai Frank Smith, qui me fit sortir d'un seul coup du nuage mythologique où je m'égarais depuis neuf ans. « Tex Avery ? Je le connais. Il fait maintenant de la télévision, aux productions Cascade. » La nouvelle eut sur moi l'effet rafraîchissant des chutes du Zambèze. A M. Hal Mafom, de Cascade Productions, je fis suivre cette lettre à l'attention de Tex :

> Mr. Avery, je présume ? Vous êtes aussi difficile à atteindre que l'homme dans la Lune. Depuis des années je tente de vous atteindre sans succès. D'autres ont essayé, avec le même résultat, en particulier les organisateurs de la biennale d'Animation à Cannes. Et maintenant, de quoi ai-je l'air ? La nouvelle commence à circuler qu'il n'y a pas de Tex Avery...

1. Voir la bibliographie.

Je posai également à Tex les deux questions suivantes : « Quelle est votre relation exacte avec Alex Lovy et Don Patterson ? Avez-vous travaillé avec Walt Disney (notamment pour *Tiger Trouble*) ? »

Le reste appartient à certaines qualités de silence qu'on associe généralement à l'Orient inscrutable. Dans mon livre *le Dessin animé après Walt Disney* (publié en 1961), je me vis contraint de remplacer le portrait de Tex Avery par une photo de l'Homme invisible enveloppé de bandelettes. La photo était légendée innocemment en ces termes : « Ce portrait est controversé. »

Et je brodais, alimentant d'une eau peut-être complaisante (en ceci je plaide coupable) le moulin des exégèses à venir : « Pour commencer, Tex Avery n'existe pas. Toute trace de son gabarit, toute reconstruction de ses traits lincolniens, tout paraphe de sa plume goujate se dérobe à notre examen. Depuis dix ans, il fuit les recherches, l'investigation patiente de ses admirateurs. Il est à la fois le Masque de fer, Fulcanelli, l'Homme invisible, Bruno Traven et le chaînon manquant. Sa piste, partie des studios MGM sous l'égide de Fred Quimby, aboutit chez Universal sous celle de Walter Lantz. Mais comme Lantz ne peut être Quimby, force nous est de nommer "Tex Avery" (sinon parfois Alex Lovy ?) une série de constantes indiscutables, qu'orne la *patte* indiscutable du génie. Il est certes loisible d'admirer ses œuvres, comme celles de Shakespeare, sans savoir d'où elles proviennent, mais l'on s'empêche mal d'épiloguer. Le cas Avery, par la qualité même de ses impondérables, excite les spéculations les plus aberrantes, les hypothèses hasardeuses. Il n'épuise pas les deux facultés d'étonnement que l'on réserve à l'énigme historique. Il encourage sans qu'on y puisse rien l'énumération exhaustive et le contraste exagéré. »

On le verra plus loin, les hypothèses pleuvaient déjà comme bruines en novembre, et s'excluaient souvent les unes les autres ; l'incertitude allait bon train.

Puis, à Annecy, en 1962, je rencontre Robert Cannon. Émoi superbe : il connaît Tex Avery ! Il me décrit le personnage comme petit, gros et hilare. Il se charge de lui transmettre mes doléances et de lui donner une copie de mon livre. Cannon m'apprend d'abord que Tex a travaillé jadis chez Warner Bros. et que son influence a été capitale sur les animateurs de l'école du gag : déjà, dans les studios Disney, des films comme *Tiger Trouble* ou *Clown of the Jungle* traduisent cette influence. Alex Lovy, Don Patterson sont des disciples, ou des imitateurs de Tex, dont Bob Cannon parle avec une chaleur affectueuse, mêlée de surprise lorsque je lui expose la notoriété mystérieuse d'Avery en Europe.

Cette fois, le smog est levé. En septembre 1962, je reçois de Los Angeles une lettre à en-tête de la Tex Avery Cartoons Animated Films, 10681 Santa

Monica Boulevard, L.A. 25, California. La capture de l'oncle Louie, apparenté au plus petit Pygmée du monde, n'est pas accompagnée d'un aussi tonitruant coucher de soleil. Tex Avery m'écrit ceci :

> Cher Robert,
>
> La chasse est terminée ! J'ai reçu aujourd'hui votre lettre et votre livre que m'a remis Bobe Cannon [1]. Je suis extrêmement flatté d'apprendre que j'ai encore un fan. Je serai probablement en orbite d'une minute à l'autre ! Je suis désolé que les producteurs (le *s* de "producteurs" adopte la forme d'un dollar) vous aient fait courir à ce point. De toute évidence, ils avaient peur de me montrer vos lettres de louanges, de crainte que je ne leur réclame *un seul franc* de plus par jour !
> Ma famille et moi-même partons demain matin en vacances d'été. A mon retour je vous donnerai volontiers un *court* résumé de ma *longue* existance (*sic*) dans le domaine du cartoon. J'apprécie beaucoup l'intérêt que vous avez montré pour mes films... et pour moi-même.
> Sincèrement,
>
> Tex Avery.

Sept mois plus tard, le curriculum vitae annoncé n'arrivant toujours pas à la rédaction de *Positif* (apaisée, mais pourtant impatiente), nous recourons à un moyen direct, en chargeant notre correspondant cali-

1. Chuck Jones est responsable de cette surprenante déformation. Aux studios Warner Bros., il surnommait Robert Cannon « Bobo », ou parfois « Bobe ».

TEX AVERY CARTOONS
ANIMATED FILMS

theatrical · industrial · television

10681 SANTA MONICA BOULEVARD · LOS ANGELES 25, CALIFORNIA · TELEPHONE: GRANITE 7-3325

8-13-62

DEAR ROBERT —

THE HUNT IS OVER! — TODAY I RECEIVED YOUR LETTER & BOOK FROM BOBE CANNON. — I WAS EXTREMELY FLATTERED TO REALIZE I STILL HAVE A FAN! — I WILL PROBABLY BE IN ORBIT ANY MINUTE!

I AM SORRY THE PRODUCER$ GAVE YOU SUCH A RUN-A-ROUND — EVIDENTLY THEY WERE AFRAID TO SHOW ME YOUR LETTERS OF PRAISE FOR FEAR I WOULD ASK FOR A ONE FRANC BOOST IN PAY!

MY FAMILY & MYSELF LEAVE TO-MORROW ON OUR SUMMER VACATION — WHEN I RETURN I WILL GLADLY GIVE YOU A SHORT RUNDOWN ON MY LONG EXISTANCE IN THE CARTOON FIELD.

I DEEPLY APPRECIATE ALL THE INTEREST YOU HAVE SHOWN IN MY CARTOONS .... & ME!

SINCERELY

Tex Avery

fornien, Guido Fink, de frapper à la porte du 10681 Santa Monica Boulevard, une adresse dont le récit suivant nous donne à croire qu'elle est tout aussi fabuleuse que le 7000 Romaine Street à Los Angeles (où échouent fatalement ceux qui croient pouvoir approcher l'insaisissable Howard Hugues). Voici le rapport de Guido Fink, qui s'est fait le Sam Spade de notre quête inlassable, transcontinentale et interlope :

Santa Monica, le 23 avril 1963

Premier acte : j'ai regardé sur l'annuaire du téléphone, Tex y figure avec la même adresse et un autre numéro. De ce moment, j'ai commencé à téléphoner aux deux numéros sans trouver personne, du samedi au lundi matin. Lundi après-midi, je suis allé sur place, c'est tout près, juste en dessous de la grande cathédrale des mormons qu'on voit de tout Los Angeles. Quartier d'usines, chantiers, dépôts, etc. Je me suis trouvé devant un immeuble en préfabriqué, laid, bas, ressemblant à un motel, avec de nombreux petits appartements dont seulement le 1, le 2 et le 4 sont à usage de bureaux : le 1 est une agence immobilière, le 2 et le 4, la Tex Avery Cartoons. Désolés, éteints, fenêtres closes, un tas de courrier — surtout publicitaire — dans la boîte. J'ai parlé à l'agent immobilier : « Peut-être les gens de la Tex Avery Cartoons ont-ils déménagé ? — Ah, celui-là, répond M. Seidelbaum, l'agent immobilier, non, non, il est encore là, mais il va et vient, à des heures impossibles ; parfois il travaille un peu la nuit, puis reste dix jours sans venir. — Mais il n'y a qu'un homme ? demandé-je. — Oui, il n'y a que M. Avery. Il y a quelque temps, il y avait une secrétaire. »

Acte second : aujourd'hui à trois heures de l'après-midi, juste comme j'allais lui écrire, j'ai pu l'avoir au téléphone. Il m'a dit :

— qu'il se rappelle très bien sa promesse, qu'il se sent très honteux et coupable envers vous, qu'il s'excuse beaucoup, beaucoup ;

— que maintenant il est virtuellement retiré, qu'il ne travaille plus avec aucun collaborateur, qu'il ne fait quelque short publicitaire pour la télé ou pour le cinéma que lorsqu'il a besoin d'argent ;

— que presque tous ses dessins animés sont restés à la Metro, qui les a achetés ;

— qu'il a, lui, des tas de choses dans son garage, qu'il promet de les sortir au plus vite (« Mais pour moi c'est un peu comme d'aller à la morgue et revoir mes meilleurs amis morts ») : photos, dessins, etc., qu'il vous expédiera, promet-il ;

— qu'il n'est pas Alex Lovy, et qu'il n'a jamais dessiné de pingouins ;

— qu'il n'a pas travaillé pour Disney ;

— comment s'écrit Benayoun ? et Fink ?

Comme je ne me fie pas à ses promesses, je lui ai proposé de me remettre tout le matériel que j'expédierai moi-même. Il m'a remercié, a pris mon numéro de téléphone, a de nouveau promis. Et voilà. D'après sa voix, c'est un homme jeune, du Sud — mais pour l'âge, avec les Américains, on ne peut jamais dire. Espérons, en tout cas. Pour le moment, je ne peux rien faire de plus. S'il ne donne pas signe de vie, ni à moi ni à vous, d'ici une quinzaine, je retournerai à la charge.

Le dernier état de nos recherches, toutefois, nous vient de Charles Jones, lequel, à Annecy, m'a donné sur Tex Avery un nombre appréciable de renseignements (voir le chapitre II).

Tex Avery, ce « mythe obèse », comme le dit savoureusement Chuck Jones, a cinquante-six ans. Il a perdu un œil en 1933, ce qui fait de lui l'un des quatre grands borgnes de Hollywood (avec John Ford, Raoul Walsh et André de Toth). Il aurait débuté dans l'animation en 1930 en travaillant sur *les Fables d'Ésope*, puis à Universal avec Walter Lantz sur la série Oswald le lapin. Puis il a collaboré avec Charles Jones à la Warner, contribuant à l'invention de Bugs Bunny, et inventant ce que Chuck appelle le *Long, isn't it ? gag* (voir l'article cité). C'est alors qu'on peut le suivre à la trace, de la MGM à la Universal, puis à Cascade, et jusqu'aux studios du boulevard Santa Monica, où Guido Fink s'est cassé le nez.

Selon Pete Burness, Tex (qui en fait se prénomme Fred) a toujours vécu en ermite et, bien qu'il ait le rire très facile (il adore la plaisanterie), n'a jamais fréquenté personne. On lui reconnaît une vraie vocation de solitaire.

Je trouve une lettre de Chuck Jones envoyée de Hollywood le 27 juin 1963. Il n'a pas l'air, malgré son degré d'intimité avec Tex Avery, d'avoir le contact plus facile que notre messager. Il me confie ses impressions au retour du festival d'Annecy :

> Il y a une fraîcheur et une vitalité dans le milieu européen de l'animation qui me rappelle l'atmosphère Disney dans

les années trente, et celle de l'UPA dans les années quarante... J'ai essayé en vain d'atteindre Tex Avery. (En français dans le texte :) Oui, n'insistez pas.

A Annecy, j'ai demandé à Les Goldman de me procurer d'urgence une photo de Tex Avery. Il m'a répondu :

> Je vais faire mon possible, mais cela risque d'être long. Tex vient de quitter la Californie pour l'Arkansas, où il possède de la famille. Vous ne le toucherez plus à son adresse de Los Angeles. Je vais tâcher de le localiser par les productions Cascade, et je vous écrirai aussitôt.

Si l'on se souvient de l'empressement que Cascade avait mis à me répondre, on peut se demander si les traits immortels de Tex Avery orneront un jour les pages de *Positif*. La chasse, quoi qu'en dise Tex, semble se poursuivre *ad libitum*. Il ne nous reste plus pour tout recours qu'à faire appel à nos lecteurs de l'Arkansas : une bouteille de Jumbo Gro à qui retrouvera Tex Avery !

Pour bien comprendre la propagation de ce mystère qui alors s'épaissit, de ce mystère-attitude d'époque (et peut-être faut-il écrire Mistère, dans la connotation religieuse qui sied), il faut se souvenir que ces années voyaient s'épanouir la vogue soudaine et galopante du thriller, véhiculé en France par les traductions de Marcel Duhamel en « Série noire », mais aussi que triomphait le film noir issu de Dashiell Hammett, et qu'un héros inédit, le privé, donnait à Tex Avery une soif intangible d'anonymat.

L'année suivante, j'allais connaître Frank Tashlin, complice d'Avery à la fameuse « Terrasse des termites » (le collectif d'animateurs dirigé à la Warner par Leon Schlesinger) : il était obsédé par les grands détectives, qu'on retrouve d'ailleurs dans tous ses films suivants avec Jerry Lewis. Celui que j'ai appelé un jour le Chandler du slapstick était obnubilé par les aventures de Philip Marlowe. Il s'était laissé pousser une moustache et portait un imperméable bogartien.

Tex Avery avait le goût des bureaux anonymes et vides, des secrétaires solitaires toutes frissonnantes sous la lampe aux heures tardives. Le complexe du gumshoe d'agence le taraudait. Il aimait ne jamais laisser d'adresse à ses amis, semait des messages téléphoniques transcrits dans les halls d'hôtel, considérait son ranch comme une retraite inviolable, ou un sanctum. Dans ses cartoons, on retrouve souvent des histoires à faux suspense horrifique (*The Cuckoo Clock* au carrefour de Poe et d'Hitchcock), des enquêtes policières factices (*Who Killed Who ?*), des filatures.

A *Positif* même, dont la rédaction minimale était alors tiraillée par une dispersion des tâches due à une trop abondante production, les pseudonymes proliféraient par goût du masque. J'y reviendrai.

II

Chuck Jones nous en dit plus

EXTRAIT de « Cinq jours avec Chuck Jones », entretien fait à Annecy et paru dans Positif *en juillet-août 1963 :*

« Charles Jones, c'est la première fois que vous montrez vos films à un public exclusivement formé de professionnels de l'animation. Quel effet cela vous fait-il ?

— En fait, c'est la deuxième fois, car il y a près d'un an, pour la première fois, les animateurs américains ont tenu un congrès et se sont rencontrés. Mais en

Europe les choses sont différentes. Je suis stupéfait de l'intérêt que l'animation suscite chez tous. Une ville comme Annecy semble vivre pendant une semaine avec l'image par image, et tout le monde en connaît le principe. Aux États-Unis, nous travaillons dans un plein incognito, et nous n'avons absolument pas l'habitude d'être reçus comme de vrais réalisateurs.

Chuck Jones interviewé à Annecy.

— Ceci explique peut-être pourquoi les animateurs américains sont si difficiles à atteindre. Il m'a fallu douze ans pour contacter Tex Avery.

— Je connais très bien Tex, ce mythe obèse. Il a travaillé avec moi. En fait, il est, avec Friz Freleng et moi-même, l'un des trois responsables de l'invention de Bugs Bunny. Je pense qu'il a dû débuter dans le métier vers les années trente.

— Quel âge lui donnez-vous ?

— Dans les cinquante-cinq ou cinquante-six ans. Il avait travaillé, avant son passage à la Warner, chez Universal avec Walter Lantz, sur la série Oswald le lapin notamment. Et aussi sur *les Fables d'Ésope* de Paul Terry.

— Pourquoi déteste-t-il à ce point se laisser photographier ?

— Peut-être par un excès de sensibilité. Voyez-vous, en 1933, pendant qu'il travaillait chez Charles Mintz, il a reçu dans l'œil une agrafe [1], et depuis Tex porte un œil de verre. Tex, Friz et moi, nous avons créé Bugs Bunny avant la guerre, en 1938. Les gens ne réalisent pas ce qu'est le travail d'un véritable animateur, d'un homme qui crée un être humain ou un animal de toutes pièces, non seulement sur un

1. Selon Pete Burness, il s'agit d'une agrafe du genre trombone, qu'un autre Tex, nommé Hastings, lui avait jetée au visage par plaisanterie. L'œil s'infecta lentement, et l'on dut pratiquer son ablation.

plan extérieur, mais jusqu'à sa psychologie individuelle. Nous savons maintenant ce que pense Bugs au moment même où il le pense, et nous savons comment fonctionne son cerveau. Mais au départ, nous n'avions rien. Quoi qu'on en dise, c'est Tex Avery qui a insufflé la vie dans Bugs Bunny. Il l'a dessiné, et c'est lui qui, dans *A Wild Hare*, lui a fait prononcer la phrase : "*What's up doc?*" Nous tous à la Warner, au cours des ans, nous avons fait ses films, mais c'est Tex qui a commencé [1].

— Comment caractériseriez-vous le travail de Tex Avery dans vos studios, avant qu'il ne travaille seul ?

— Je dirai qu'il avait un sens profond, inné, de la folie inattendue (*unexpected madness*). Il est l'inventeur de ce que j'appelle le *Long, isn't it ? gag*. Il faisait par exemple passer devant l'écran une interminable limousine. Puis, de temps à autre, une description commentait le déroulement de la séquence ; on pouvait lire (à propos de la voiture) : "Elle est longue,

1. Chuck Jones a fait depuis la même emphatique déclaration, à deux mots près, le 27 août 1978 dans le *Los Angeles Times*. Pete Burness avait travaillé chez Paul Terry. A la Screen Gems de Charles Mintz, Avery se fit de nombreux amis ; parmi eux : Preston Blair, Frank Tashlin, Robert Clampett, Michael Maltese, Tedd Pierce. Ils allaient devenir à la Warner ses collaborateurs fidèles (certains ont mis en doute les débuts d'Avery chez Mintz, sous le prétexte qu'en 1933 il travaillait déjà chez Walter Lantz. Mais de tels chevauchements sont monnaie courante à l'époque. Les studios Fox, Warner, Universal étaient pratiquement voisins).

n'est-ce pas ?'' Et puis, un peu après : ''Ce n'est pas fini, il y en a encore !'' Et puis : ''Avez-vous lu de bons livres récemment ?'' Il a bâti des films entiers sur ce genre de non-sens. Autre chose importante : ses films étaient sexy. Il y avait dans presque tous une scène de strip-tease, avec des mâles hurlant d'excitation. Toutes ces scènes étaient mises au point par Preston Blair. Preston Blair est l'homme qui a les plus grands pieds du monde. On lui donnait un *hot-foot*, et il ne s'en apercevait même pas. On lui en donnait deux ou trois autres, et il fallait jeter de l'eau sur le sinistre parce qu'il cramait sans broncher, à l'autre bout de ses pieds gigantesques. Preston, qui était un peu radin, faisait collection de bâtonnets d'*ice-cream*, parce qu'on lui avait promis un *ice-cream* gratuit pour 500 bâtonnets. Alors il vous raflait vos bâtonnets avant que vous n'ayez fini de les sucer ! Pour nous venger, nous avons remplacé le 501e *ice-cream* par un morceau de savon recouvert perfidement de chocolat ! »

III

Le Bureau d'études texavériennes

Au sein de *Positif* s'est organisée dès lors une étude systématique des courts métrages de Tex Avery, avec le même sérieux qui eût été mobilisé sur des inédits d'Eisenstein ou des rushes d'Orson Welles. Une démarche inédite à cette date. Si toutes les rédactions parisiennes de l'époque, *Cinéma 63*, *la Revue du cinéma*, *Présence du cinéma*, etc. s'inquiétaient de son existence, aucune n'entama de travail collectif à son sujet. Toute l'équipe de *Positif*, et notamment Paul-Louis Thirard, Louis Seguin, Bernard Cohn et votre serviteur, contribua avec un bel enthousiasme au Bureau d'études texavériennes, pompeusement nommé mais aux structures de béton, sorte de CNRS ou d'Oulipo consacré au grand cartooniste inconnu, dont le secret avait le don de nous tantaliser. Y participèrent également des externes très distingués comme Jacques Quincey, qui se vouait déjà à l'étude de Vincente Minnelli, pas moins, et qui portait à Tex Avery une admiration durable, comme l'on sait.

J'ai parlé des pseudonymes qui fleurissaient alors. Jacques Quincey n'était autre que Dominique Rabourdin. A *Positif*, la même année, écrivaient des personnalités fictives comme Maurice Burnan, Marcel Ranchal, Georges de Coulteray, Abner Lepetit, Jhéronyme Potocki, Albert Bolduc ou Laurent Leverrier, qui augmentaient sensiblement nos faibles effectifs tout en manifestant leurs particularismes. Tous élaborèrent à loisir sur le silence et le don d'esquive de Tex Avery, qui nous aiguillonnait.

Je cite par exemple Marcel Ranchal : « Il y a un mystère Tex Avery. De ce nom sont surgis les meilleurs dessins animés que nous voyons. On pense repérer ses traces lorsqu'il se camoufle sous des pseudonymes ; c'est probablement lui qui, lorsqu'il travaillait chez Disney, fut responsable de ce merveilleux Donald (*Clown of the Jungle*) où l'irascible canard est aux prises avec l'oiseau moqueur qui l'empêche de photographier commodément les bêtes de la jungle. Peut-être a-t-il aussi trempé dans certains Woody Woodpecker. Enfin il existe, du moins on le croit, mais on ignore qui il est. Personne n'a vu sa photo. Gratitude éternelle de la rédaction à qui nous fournira des renseignements. » Et Louis Seguin : « Maintenant qu'avec le mystère qui lui est cher Tex Avery a délaissé la MGM, où son ombre, espérons-le, empêchera les Dick Lundy de reprendre et amoindrir quelques géniales trouvailles (dans certains Barney Bear, par exemple, où flotte le souvenir de *Lucky Ducky*), les derniers cartoons qu'il fit pour Quimby prennent un curieux parfum de désuétude... » (Voir notre bibliographie.)

De Bernard Cohn, enfin, citons cette envolée : « Tex Avery propulse les notions d'impossible, d'irréalisable et d'incroyable à cent lieues de ses œuvres. Tout lui obéit. Les hommes et les animaux, les objets et les plantes, l'eau et la terre, les planètes et le cosmos. Il les transforme à volonté, les malaxe, les rapetisse, joue avec eux comme un enfant avec une balle de ping-pong. Il n'est de microcosme ou de macrocosme qui ne soit à sa portée... Sa démence se situe à tous les niveaux. S'il frappe bien souvent plus bas que la ceinture, il est aussi capable de donner des vertiges métaphysiques... »

De l'exploration entamée on peut citer tels quels quelques jalons.

Phrases clés du grand œuvre

You know what ? I'm happy (leitmotiv de Droopy).

Exciting, isn't it ? (aparté du même).

That's the law of the West ! (C'est la loi du Far West !) dans *Home Steader Droopy*.

Vive la France ! (prononcé en français dans le texte par une puce heureux père dans *Flea Circus*).

I been sick ! (J'ai été malade !) : excuse plate d'un minuscule canari à un chat affamé avant qu'une dose de Jumbo Gro ne le transforme en *canari géant*. La même phrase désigne toujours une créature notablement diminuée par ses mésaventures : un crocodile rétréci (*Slap-Happy Lion*), un papillon qui sort diminué de son cocon (*Aviation Vacation*).

Uncle Louie ! (appel final du *Plus Petit Pygmée du monde*).

Sing it to me again, Joe ! (Rechante-le-moi, Joe !) : leitmotiv du fantôme gâteux dans *The Legend of Rockabye Point*.

Bend over junior ! (leitmotiv de la série inspirée par Steinbeck : *Lonesome Lennie*, *Henpecked Hoboes*, *Hound Hunter*, etc., où le minuscule George châtie rituellement l'énorme Junior, qui encaisse avec soumission).

I'm shmart, I got brainsh ! (Je suis fin, j'ai de la matière grise !) : aveu narcissique, dénué de tout fondement, d'un chien de garde, ennemi de Chilly Willy, dans *I'm Cold*[1].

Pip, pip ! (locution pseudo-britannique prononcée plusieurs fois par Droopy dans un contexte anglais. Cette locution fictive n'est jamais utilisée par les Anglais, mais représente l'idée américaine du flegme *briton*, l'équivalent de « Oh là là ! » pour les *frenchies*, dont l'extension la plus fréquente, « Hou là là ! » n'est jamais utilisée en France que par les pieds-noirs).

Liste des objets qui tombent du ciel pour écraser un chien malchanceux menaçant un chat (dans « Bad Luck Blackie », le Noiraud Porte-Malheur)

— un premier pot de fleurs,
— un second pot de fleurs pour faire bonne mesure,
— une malle, qui écrase le chien sur un escalier,
— un piano droit, et non à queue,
— une caisse enregistreuse à tiroir,
— un fer à cheval, suivi logiquement de son cheval,
— une pompe à incendie,
— un coffre-fort,
— une brique isolée, suivie d'un mur de briques,

1. Bien qu'Avery nous dise qu'il n'a jamais dessiné de pingouin, *I'm Cold* porte sa signature.

— une enclume,
— un arbre,
— une baignoire,
— un tracteur,
— un avion,
— un autobus,
— un torpilleur.

Nota : Les mêmes objets, déversés pêle-mêle, ne produiraient jamais le même effet comique. Séparés dans le temps, avec une nuance de placide incrédulité chez la victime, un chien particulièrement stupide, hargneux et lâche, cela devient un inventaire (à fin de liquidation ?).

Liste bien différente des objets avec lesquels l'Écureuil fou (Screwy Squirrel) assomme un chien (dans « The Screwy Truant »)

— une poêle à frire,
— une ancre marine,
— une assiette,
— un crachoir,
— une clé anglaise,
— une bouteille,
— un coffre-fort,
— un rouleau à pâtisserie,
— un marteau,
— un évier de cuisine.

Analyse-éclair de quelques moments himalayens.

Scénario détaillé de « The Cuckoo Clock » (Tom et le Coucou)

La caméra approche lentement d'une demeure mystérieuse tapie dans l'ombre.

Voix off : « *This is the strange story of my life* » (Ceci est l'histoire étrange de ma vie). (On discerne le tic-tac d'une pendule. La caméra, qui explore les pièces sombres de la maison, découvre un chat tremblant de peur, caché derrière un fauteuil). « *No human being could resist* (Nul être humain n'aurait pu y résister), à plus forte raison moi, *a pussy-cat !* » (Le mot *pussy-cat* survenant au moment où la caméra découvre brutalement le chat derrière le fauteuil.)

1° Tom continue le récit de sa vie et de sa folie :

« J'entendais des cloches » (ses oreilles sonnent).

« Je voyais des choses » (une pancarte « *Things* » apparaît).

« Je ne savais plus dans quelle direction aller » (les yeux de Tom se transforment en soucoupes, qui se cassent).

« Mon estomac ne pouvait plus rien supporter » (un plateau posé sur son ventre saute en l'air).

« Je me sentais mis au rebut » (on le voit assis sur un tas d'ordures).

« Ma tête éclate » (sa tête éclate et le sommet se soulève cinq ou six fois. Il tombe en morceaux).

Suite du commentaire de Tom :

« Il faut que je me reprenne. »

« Je comprends : c'est le coucou qui me rend fou ! » (Tom voit alors le coucou sortir de l'horloge.)

2° Tom passe à l'action :

Il sort une énorme matraque et une gigantesque échelle du tiroir d'une petite table.

Il monte sur l'échelle et met l'aiguille de la pendule à 10 heures.

Le coucou sort et lui donne un coup de matraque sur le crâne (la matraque se casse).

Tom essaie d'atteindre le coucou avec un club de golf. Il rate deux fois. Il voit apparaître 2-4-8-12-8-4-2 coucous (ordre croissant puis décroissant : il ne sait pas lequel viser). Puis un seul coucou, armé d'un club de golf qu'il lui casse sur la tête. Le chat s'écrase sous le choc dans un porte-parapluies et se relève coiffé d'un parapluie.

Le chat revient avec un gros revolver, et met l'horloge à l'heure. Le coucou ne sort pas. Il attend. Le coucou lui passe à travers les yeux. Le chat remet l'aiguille à l'heure. Le coucou sort. Le chat le met en joue avec son arme. Le coucou lève les bras. Le chat appuie sur la détente. Le coup ne part pas. Le coucou prend le revolver et tire sur le chat dont le crâne est troué ! Le coucou se sert ensuite de son doigt comme revolver, se tire dans le crâne, et souffle la fumée...

Le chat, sur une balançoire, arrive plusieurs fois en retard à la hauteur du coucou. Ses dents claquent dans le vide. Le coucou réussit à lui mettre des haltères dans la bouche : le chat s'écrase à terre et crève le plancher.

Le chat repasse à l'attaque, cette fois juché sur d'immenses échasses. Il cherche le coucou, qui n'est pas dans l'horloge.

Au pied de l'horloge, le coucou met le feu aux échasses du chat, qui tombe. Sa queue tombe, elle aussi, mais après lui.

A terre, le chat court après le coucou qui vole. Le chat ne réussit pas à l'attraper à la main. Il réussit enfin à l'attraper et l'écrase dans sa main. Il ouvre cette main ; inscription : « *Wrong hand* »...

Il prend un maillet, pose l'autre main sur la table, et écrase le maillet sur cette main. Il hurle. Sa main, rendue transparente, est écrasée sur la table.

Le chat poursuit toujours le coucou qui se réfugie dans un trou. Le chat y introduit sa main. Le coucou lui peint le pouce, et y pose sa perruque, si bien que le pouce ressemble au coucou.

Le chat attrape son pouce et tire dedans avec son revolver, qui fonctionne parfaitement. Trou. Hurlement. Le pouce tombe.

Le coucou sort de son trou. Il voit un fil qui dépasse du chat et tire... Le chat se retrouve tout nu. Il se précipite derrière un fauteuil, prend deux pelotes de laine, rouge et verte, et réapparaît en rouge et vert.

3° Le piège :

Le chat trouve du papier et une plume. Il écrit : « *You win. I'm leaving. Good bye !* » (Tu es vainqueur. Je pars. Adieu.) Le chat s'en va, ferme la porte et revient sans bruit.

Le chat se transforme en horloge.

Pendant ce temps, le coucou verse du TNT dans un coucou mécanique, le remonte avec une clé et allume la mèche.

Le coucou mécanique entre dans la bouche du chat, qui l'avale.

Voix off : « Et ce fut la fin du coucou ! »

Une minute de silence.

Le vrai coucou prend une trompette et joue tristement la sonnerie aux morts. Explosion. La sonnerie aux morts se transforme en jazz rapide et joyeux.

Brève analyse de « Little Stinker »
(Le Putois amoureux)

Un putois essaie en vain de courtiser toutes les femelles de la nature. Sur son passage, les fleurs se fanent. Cupidon lui-même, pour lui donner quelques conseils, doit se munir d'un masque à gaz. Il lui prête finalement un énorme livre sur l'art de se faire aimer.

Premier conseil : Imitez Charles Boyer. Une lapine folle d'amour submerge de ses attentions le malheureux putois.

Deuxième conseil : Imitez Roméo. Ennuis divers avec une échelle de soie.

Troisième conseil : Imitez Frank Sinatra. Le putois devient crooner. Tandis qu'il chante d'une voix malingre, il se confond avec le fil du micro, devient os, fait l'amour avec le micro. On lui donne du plasma, de l'oxygène, on le met dans un poumon d'acier, le croque-mort prend ses mesures. Mais toutes les filles sont folles de lui. Une vieille grand-mère hurle : « Oh, Frankie ! », saute en l'air dans une scène d'ébullition sexuelle réservée d'ordinaire aux loups avériens, retombe morte dans sa tombe déjà fleurie où s'inscrivent en épitaphe les mots « Oh, Frankie ! ». Les lapines, en rang de taille, crient : « Oh, Frankie ! », se tapent dessus avec elles-mêmes, se ruent en pile sur lui, puis horreur ! s'en écartent et se sauvent.

Cupidon arrive à temps pour empêcher le putois de se suicider, et lui donne un :

Quatrième conseil : « Camoufle-toi. » Il se camoufle en renard, séduit une renarde, tous deux tombent à l'eau, son camouflage fond, mais l'autre aussi. Tous deux sont des putois et tombent dans les bras l'un de l'autre.

(Pièces rassemblées
par R.B. et Jacques Quincey)

A propos de « Little Red Hot Riding Hood »

Le loup qui, dans *le Petit Chaperon rouge* très librement inspiré de Charles Perrault, poursuit ledit Chaperon, ne le poursuit pas exactement pour le manger. Il a déjà mangé la grand-mère, d'ailleurs... Car il accorde à sa victime (victime ?) le temps et le loisir de se remaquiller.

Le loup, qui, toujours dans *le Petit Chaperon rouge*, abandonne soudain sa victime, le fait pour une bonne raison : il se précipite à l'appel de son cousin le loup des villes, qui va l'emmener dans un cabaret assister à un strip-tease mémorable.

Le strip, ponctué de sifflements aigus et de soupirs mal étouffés, s'accompagne, de la part du loup des champs, de phénomènes de masturbation peu intellectuels : tête contre les murs, yeux révulsés, langue pendante qui remonte par paliers.

C'est avec beaucoup d'hypocrisie que le loup des villes, gêné par le spectacle de son cousin, l'entraîne hors de ce lieu de perdition. Hypocrisie, car la vue du Petit Chaperon rouge, qui a profité du strip de la « ville » pour se préparer plus soigneusement, fait naître en lui les mêmes signes de convoitise qu'il trouvait déplacés chez son cousin.

Maître de ses personnages impassibles (Droopy), Tex Avery l'est aussi de ses personnages obsédés et délirants.

C'est pour cela que son art est sans faille.

C'est pour cela que les voies de Tex Avery sont parfaitement pénétrables.

(Jacques Quincey)

IV

Un entretien avec l'Insaisissable

C'EST au cours de l'été de 1963 que j'arrivai pour la première fois à Hollywood, après avoir traversé les États-Unis en autocar Greyhound. Une expérience inoubliable qui devait dès lors se renouveler à intervalles plus ou moins réguliers [1]. En différentes occa-

1. Elle devait m'inspirer un feuilleton paru par épisodes dans *Positif* (n°s 57, 67, 69, 71 : « Vous, vous croyez à Hollywood ? » ; n°s 204 à 208 : « Vous, vous croyez à Chi ou à L.A. ? »).

sions, j'allais fréquenter les boulevards semés d'étoiles, les grands studios (dont quelques-uns ont depuis fermé leurs portes), et plus encore que le Sunset Boulevard ou le Hollywood Hotel aux noms mythologiques, j'écumai le boulevard Cahuenga, l'« allée de l'Animation », où, au carrefour de Burbank et de Universal City, l'on retrouve dans leurs bureaux et ateliers tous les cartoonistes hollywoodiens, dont j'allais devenir l'ami. Le pôle magnétique (et inoubliable) de cette inouïe concentration était, bien sûr, Tex Avery. Je retranscris tel quel le récit de cette rencontre très attendue :

Los Angeles
19 septembre 1963

La dispersion des centres d'intérêt et le climat beaucoup trop bénéfique de Hollywood (comment, dans une telle chaleur, peut-on vivre sans une piscine ?) font de cette ville une sorte de désert à échos. Certains bruits vous parviennent, amplifiés exagérément, et vous cherchez en vain autour de vous à en déceler l'origine. Toute rencontre peut y être remise indéfiniment, toute démarche se perdre dans des méandres d'apathie, ou de sieste ensoleillée. Le tonus vital diminue, et le téléphone remplace avantageusement l'interlocuteur suintant que vous éludez, ou qui vous fuit.

Voilà l'explication logique du mystère Tex Avery. Même ses amis hollywoodiens, Bob Cannon, Les

Goldman, Chuck Jones, ne le voient pas. On ne sait jamais s'il est en ville, et, pendant quatre jours, j'ai joué à cache-cache avec lui sans le trouver. Comme le soldat récalcitrant qui se soustrait à ses supérieurs sous un uniforme de trop grande taille, Avery résiste à l'emprise de Hollywood en se rendant délibérément invisible, en *disparaissant dans le rang*. L'annuaire m'indiquait un numéro en perpétuel dérangement. De sources différentes, je pus en obtenir quatre autres, dont aucun ne m'offrait de réponse. Enfin, aux productions Cascade (que j'avais en vain contactées il y a plus de trois ans), une téléphoniste me fit cette surprise trop brutale de me répondre : « Vous voulez Tex ? je vous le passe. »

« C'est vous, Robert ? » Une voix tranquille me répondait, avec une familiarité bonasse, une calme gaieté. C'était comme si je lui avais téléphoné hier, comme si je venais de le quitter. Cet homme que je traquais comme le dodo depuis plus de douze ans m'accueillait comme si j'étais son frère, éloigné peut-être par des études, de ces personnes dont on est toujours, à tout moment, excessivement proche, avec lesquelles tous les préliminaires sont superflus.

Sautant dans un taxi, je rejoignis le cartooniste dans un bureau vacant de Cascade où Tex, coureur rapide, ne passait qu'au galop quelques minutes quotidiennes. Devant moi se tenait un homme de haute taille (que l'on m'avait décrit comme petit), au visage basané de sportif, au sourire large, à la poigne de fer. Je lui trouvai une ressemblance avec le Thomas Mitchell d'il y a quelques décennies. Mais Chuck Jones, un peu plus tard, me dit ceci : « Tex, autrefois était un magnifique athlète, aux muscles énormes, et qui ressemblait à Lauritz Melchior. » A son cou, Tex portait, en lieu de cravate, ce cordon que retient chez tous les hommes de l'Ouest un bijou de métal orné de turquoises : en l'occurrence un aigle.

« Un de vos amis est venu me voir, il y a trois semaines, un tout petit gars, prénommé Jacques Quelque-chose. » Qui cela pouvait-il bien être ? Quelques jours plus tard, Tex me montrait la carte de visite de Jacques Ledoux, de la cinémathèque belge, qui m'avait fait le coup de Scott dans l'Antarctique en me devançant au pôle Sud.

Tex Avery fixa sur moi son œil unique, l'autre, de verre, restant dans le vague.

« Je ne fais plus grand-chose ces temps-ci. Je suis devenu très paresseux. Je passe ici quelques instants chaque jour pour travailler sur des bandes publicitaires, et cela me suffit. Je prépare une série d'animation pour la télévision, mais j'en réaliserai seulement la bande-pilote, et je fournirai tous les gags pour les autres. Puis je ne m'en occuperai plus le moins du monde. Autrefois, l'animation était une source de rires et de joie ; à présent, c'est devenu une forme d'esclavage. Il faudra que je récupère pour vous des photos et des cels, des sketches de storyboard et tout le matériel que j'ai encore dans mon garage, enfoui sous des tonnes de vieilleries. Mais je devrais avoir gardé beaucoup plus de choses. J'ai quitté la MGM et la Universal sans rien emporter.

Tex Avery aux studios Cascade.

— Pourquoi ces firmes ont-elles si jalousement détourné les lettres qui vous étaient expédiées d'Europe ? Vos patrons craignaient-ils qu'on ne vous découvre ?

— Il y a sûrement de cela. Ils gardaient au fond d'un tiroir toutes mes lettres, toutes les coupures de presse me concernant. J'ai su, bien après mon départ, par des secrétaires de Walter Lantz, que j'avais reçu un abondant courrier, notamment de l'armée, à propos de mes films quelque peu suggestifs. Vous savez, ces bandes très sexy, dans le genre de *Red Hot Riding Hood*, que je réalisais avec Preston Blair. Souvent, elles étaient si provocantes que la censure les expurgeait. Un jour un colonel m'a écrit au nom de ses hommes pour me réclamer la version non expurgée de *Red Hot Riding Hood*, et je la lui ai fait parvenir : elle court encore, je l'espère.

— Ce sont ces films d'ébullition sexuelle, ces crises d'érotomanie frappant soudain des loups lubriques, ces pin-up aguichantes qui nous ont, en premier, révélé votre nom. Nous apprécions aussi votre manie du changement de taille, votre affection pour les puces, l'infiniment petit, ou au contraire les géants.

— L'un de mes gags préférés, que vous ne connaissez sans doute pas, prévoit pour base de départ ces petits cheveux, ces bouts de feutre qui viennent se loger dans l'appareil de projection, et sur lesquels

Magical Maestro.

l'opérateur est obligé de souffler. J'ai fait un film où ces cheveux étaient entièrement dessinés sur la pellicule, pendant quelques minutes. L'un de mes personnages, au cours d'une poursuite, s'arrêtait face à la caméra et disait, excédé : "L'opérateur ne fait pas son travail." Puis il prenait le cheveu entre ses doigts et le chassait de l'image. Eh bien, au bout de quelques mois, j'ai reçu des lettres furibondes des projectionnistes, qui, pendant le début du film, passaient leur temps à souffler inutilement dans leurs appareils pour chasser les cheveux inexistants. J'ai dû, à leur usage, faire coller sur chaque bobine une étiquette d'avertissement libellée en ces termes : "Laissez donc ces cheveux tranquilles ! Ils sont dans le film." [1] »

Peu à peu, j'obtins d'Avery les précisions indispensables : il était né en 1908 à Dallas, Texas, avait une femme, un fils de quinze ans, une fille de treize, et vivait dans la vallée de San Fernando. Mais à personne, pas même à ses amis, il ne donnait son adresse personnelle. Sa vie privée demeurait obscure, et il faut avoir vécu dans l'atmosphère familiale, hospitalière, grégaire même, de Hollywood, pour mesurer ce que peut avoir d'étrange pareille discrétion. J'ai vu Avery plusieurs fois, j'ai pris des repas en sa compagnie, mais son home, forteresse cachée, me demeure inconnu.

1. Le gag du cheveu récalcitrant apparaît dans les films *Aviation Vacation* et *Magical Maestro*.

« J'ai d'abord été simple encreur dans le métier du cartoon, me dit Avery. Puis j'ai pris des cours de dessin à Chicago, et je me suis intitulé pompeusement moi-même dessinateur professionnel. J'ai dessiné des comic strips dans le genre mignon, que j'envoyais systématiquement à tous les journaux. Je n'avais pas encore adopté le genre agressif, le style énorme. Toutes mes offres d'emploi restèrent sans réponse. Enfin, on me laissa diriger un petit film de la série Oswald le lapin. Je devins réalisateur chez Walter Lantz, à la Universal, et ce fut la trajectoire que vous connaissez. Warner, puis MGM, Universal encore, et maintenant Cascade. J'ai fait une série de petits films dont le principe était d'animer la mâchoire inférieure d'animaux réels, et de les faire parler. Mais Leon Schlesinger n'en voulait pas, et je les ai finalement produits moi-même. J'en ai fait douze, cela s'appelait *Speaking of Animals*.

Avec Fred Quimby, il fallait discuter chaque jour pied à pied, pour la moindre idée, mais avec Schlesinger, c'était tout différent, il se faisait projeter les films une fois prêts et il disait : "Tex, c'est parfait, ce film me botte, fais-en beaucoup d'autres comme celui-là." Ou au contraire : "Tex, tu n'as jamais rien fait de pire. N'insiste pas dans cette voie-là, tu perds ton temps." Un jour, il fit venir Frank Tashlin, qui était animateur comme nous à la Warner, et lui dit : "Tish (on l'appelait comme cela à l'époque : Tish), tu n'as jamais rien fait de pire." Tish sortit blême du bureau et me dit : "Je fais ma valise, je prends mes cliques et mes claques, et je ne reviens plus." Je me souviens que Chuck Jones, Bob Cannon, Friz Freleng et moi-même passâmes une nuit entière à essayer de le calmer. Mais le lendemain, il était parti, et, comme vous le savez, il a bien fait, puisqu'il est devenu metteur en scène, et utilise régulièrement des gags d'animation dans des films en direct. Il avait la religion du gag : il portait sans cesse sur lui des petits carnets noirs, et y notait tout le temps des gags de Chaplin, ou de Mack Sennett, tout ce qu'il voyait. J'ai vu de lui un film avec Bob Hope où il utilisait un gag classique du cartoon : le personnage qui fuit très loin vers l'horizon pour éviter de recevoir une pierre qu'on lui a lancée. Il court, il court très loin, et la reçoit tout de même. Eh bien, je dois dire que, dans son film, c'était encore plus drôle que dans un cartoon ! Un autre animateur que j'ai connu est aujourd'hui metteur en scène. Il nous avait quittés en nous disant : "J'en ai assez de dessiner, maintenant je veux écrire, écrire !" C'est David Swift, qui fait de très bonnes petites comédies chez Walt Disney.

— Quels sont vos rapports avec Don Patterson, Alex Lovy ?

— Je n'ai jamais connu Don Patterson. Alex Lovy a été engagé par la Universal après que j'y eus travaillé six mois, et on lui a demandé de reprendre en mon absence le même genre de gags. Je suis resté brièvement à la Universal, mais j'y ai fait au moins un film dont je suis très content, c'est cette histoire de fantômes dans les icebergs.

— Oui, *la Légende de Rockabye Point*. Et Chilly Willy ? En êtes-vous le responsable ?

— Walter Lantz m'a dit : ''Faisons un pingouin.'' J'ai fait ce volatile sans enthousiasme, et j'ai reporté mon intérêt sur le personnage du bouledogue Spike un peu stupide, qui prend avec soin son élan, et se croit suprêmement intelligent.

— Quels autres personnages avez-vous inventés ?

— A la Warner, j'ai créé Bugs Bunny, Daffy Duck, Elmer Fudd, puis chez MGM le chien Droopy. Chuck Jones, Bob Cannon et moi, avec aussi Robert Clampett (l'auteur de *Beany et Cecil*), nous étions inséparables à la Warner. Nous étions jeunes et ambitieux. Nous voulions persuader les animateurs d'acheter les droits sur tous leurs films. Nous avions même prévu que la télévision passerait un jour toutes nos œuvres, et que nous n'y gagnerions pas un seul centime. C'est ce qui est arrivé. Mais il faut dire que je n'ai jamais été un homme d'affaires. Nous nous entendions avec Schlesinger, bien que Leon soit un dangereux joueur. Il organisait des parties monstrueuses dans sa salle de conférences, jusqu'au jour où sa femme, excédée de le voir perdre son argent, prévint la police et organisa des descentes régulières sur les lieux du crime. Sans se décourager, Schlesinger reprit ses bonnes habitudes, mais cette fois il nous convoquait dans son bureau et sortait des piles de jetons de son tiroir. Il y avait toujours là Friz, Bob McKimpson, et moi. A chaque séance l'un d'entre nous repartait plus riche de cent dollars ou complètement fauché. Parfois c'était Leon lui-même. Un jour, je suis entré chez lui pour demander une augmentation. Il m'a dit : "Je te la joue au quitte ou double." J'ai gagné mon augmentation, mais je vous garantis que j'en ai eu des sueurs froides. Sacré Leon, il organisait des surprises-parties fantastiques sur son bateau, puis quand nous avions une bonne gueule de bois, il nous disait : "Voyez, je suis bon type. Alors, rendez-moi un service. Il me faut un cartoon de plus cette semaine !" »

Et Tex, éclatant d'un rire colossal, se tapa sur les cuisses. Je savais par Robert Cannon que Tex était un farceur renommé. Ce grand enfant adorait nouer les lacets de soulier de ses amis, leur glissait des poissons dans les poches, et avait perfidement lié entre eux des appâts de pêche pour le seul plaisir de voir des mouettes se disputer leur déjeuner des deux côtés d'une corde ! J'ai demandé à Tex quelle était sa meilleure farce.

« Sans discussion, c'était le coup du distributeur de Coca-Cola. Il y a dans ces beaux appareils très efficaces un tout petit défaut que je vous signale. Le goulot de la bouteille suivante peut être dégagé, avec un minimum d'efforts. J'avais imaginé d'en ouvrir délicatement le capuchon, de vider à moitié la bouteille suivante, et de la remplir avec du whisky. Nous attendions avec patience que la victime introduise sa pièce dans l'appareil, dégage la bouteille piégée, et la porte à sa bouche. Cela ne ratait pas. Le malheureux, surpris par le goût insolite de son Coca-Cola, crachait tout sur le sol en hurlant : "Je suis empoisonné !" Mais le fin du fin était à ce moment de lui annoncer qu'il venait de cracher une marque renommée de bourbon, et sa déconfiture, pour le coup, faisait tout le sel d'une plaisanterie que j'adore, décidément ! »

C'était une plaisanterie du même ordre qui, dans les bureaux hilares de Charles Mintz, lui avait logé dans l'œil une agrafe de métal, et rendu borgne. Mais Tex n'en avait pas perdu pour autant son sens de l'humour, qui est celui, brutal et enjoué, des hommes de l'Ouest. De tous les borgnes célèbres du cinéma, gageons qu'il est surtout proche de Raoul Walsh, dont il a la robuste joie de vivre.

Homme de plein air, sa distraction favorite est la chasse au canard (qu'on se souvienne de *Lucky Ducky*), et ses comiques préférés, au cinéma, ne sont autres que Laurel et Hardy, pour lesquels il a une tendresse particulière. Il me raconte aussi ses excellents rapports avec le musicien Spike Jones, en compagnie duquel il passe parfois des nuits entières à inventer des gags sonores.

Pendant tout mon séjour, Tex a éludé habilement toute suggestion de se laisser photographier, et j'ai bien cru que je quitterais la Californie sans rapporter avec moi l'image précieuse de ses traits, qui ont si longtemps fui les pages de *Positif*. Puis, par une facétie de dernière minute, Tex déposa lui-même à mon hôtel, à l'heure de mon départ, une enveloppe contenant six photographies, qui sont la preuve de sa maîtrise solennelle du suspense.

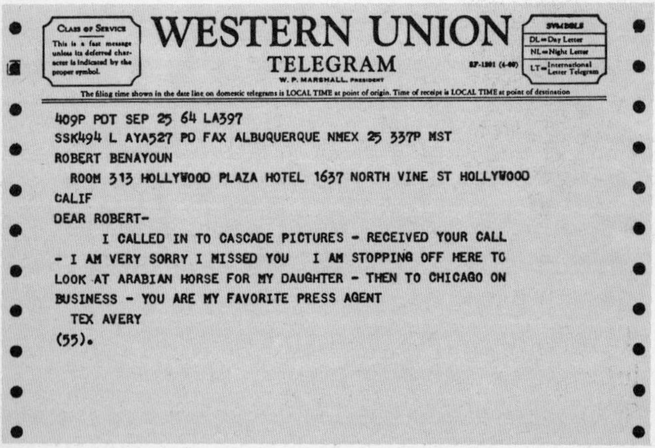

CLASS OF SERVICE
This is a fast message unless its deferred character is indicated by the proper symbol.

WESTERN UNION
TELEGRAM
W. P. MARSHALL, PRESIDENT

SYMBOLS
DL=Day Letter
NL=Night Letter
LT=International Letter Telegram

The filing time shown in the date line on domestic telegrams is LOCAL TIME at point of origin. Time of receipt is LOCAL TIME at point of destination

409P PDT SEP 25 64 LA397
SSK494 L AYA527 PD FAX ALBUQUERQUE NMEX 25 337P MST
ROBERT BENAYOUN
ROOM 313 HOLLYWOOD PLAZA HOTEL 1637 NORTH VINE ST HOLLYWOOD
CALIF
DEAR ROBERT-
I CALLED IN TO CASCADE PICTURES - RECEIVED YOUR CALL
- I AM VERY SORRY I MISSED YOU I AM STOPPING OFF HERE TO
LOOK AT ARABIAN HORSE FOR MY DAUGHTER - THEN TO CHICAGO ON
BUSINESS - YOU ARE MY FAVORITE PRESS AGENT
TEX AVERY
(55).

V

L'Anti-Disney

«*Heck, we'll leave it in!*» (Bon, allez, on la garde!), dit Walt, parlant de la première séquence animée par le jeune Tex Avery sur Oswald le lapin. Cette phrase-sésame qui lui ouvre les portes d'un studio, ce n'est pas Disney, le vrai père d'Oswald, qui la prononce, mais Walter Lantz, qui lui avait racheté le personnage en 1929.

Si on peut dire que Walt Disney, envié, plagié et talonné par Walter Lantz, est le père nourricier de l'Animation classique américaine, son mythe institutionnel, son rameau d'or (son modèle d'entreprise et de marketing), alors certainement Tex Avery est par nature, par vocation et par carrière l'indiscutable Anti-Disney, le revers désigné du profil de médaille. Autant le premier, ce magnat incommensurable qui a privatisé le dessin animé jusqu'à en faire sa multinationale personnelle, a déposé son nom sur le genre tout entier (comme Frigidaire, Ford ou Gillette désignent l'ustensile qui porte leur sigle : ne dit-on pas définitivement « un petit mickey » pour toute créature dessinée qui bouge ?), autant le second, toute sa vie obscur, sans grade, sans royalties, a hanté les catacombes de l'Opera Cartoon dans une infortune sereine, et un oubli typique des injustices de la gloire.

Disney, non content de ses innombrables innovations, a digéré dans un expansionnisme inouï, en se les appropriant, tous les grands livres de l'enfance : Alice, Peter Pan, Pinocchio, les *Contes* de Perrault, pour en tirer d'abusifs *trade-marks*. Tex, à l'inverse, n'a jamais eu l'âme d'un possédant et n'a rien fait pour protéger son œuvre, totalement originale, dont il ignorait jusqu'à la valeur marchande véritable. Au lieu d'en bâtir un consortium inexpugnable, une sinécure pour ses vieux jours ou une formule de réussite, il l'a laissé filer comme un Apache texan qui se servirait de sa nappe de pétrole privée comme d'un simple briquet de poche. C'est peut-être pourquoi le vent de la plaine souffle plus librement sur son domaine en friche que sur le complexe boulimique des Disneyland à venir.

Exploité toute sa vie par des sous-Disney auxquels il survivra sans peine (Lantz, Schlesinger, Quimby), il bouge encore, lui aussi, sans l'aide de personne.

Chuck Jones, son porte-parole le plus ardent et son ami fidèle (et sa mémoire, quoi qu'on en dise, est infaillible) a raconté le démantèlement de l'unité Animation de la Warner. C'est une histoire horrible et presque une fable écologique sur la mise à sac de l'imaginaire par la loi du rendement : « Je me suis fait construire une maison sur la colline qui domine le Burham Boulevard dans le seul but de pouvoir cracher chaque matin sur Jack Warner quand il arrive au studio dans son automobile. » Jack Warner a fermé en 1962 le département Animation de la Warner, citadelle historique et l'une des gloires durables du studio qui porte son nom, dilapidant dans son ensemble tout le travail de Tex Avery, Friz Freleng, Bob McKimpson, Bob Clampett, Bob Cannon et Jones lui-même. « *Tous* les cartoons d'avant 1948 furent bazardés à 3 000 dollars la pièce. United Artists se porta acquéreur, et chaque titre a depuis récupéré des sommes colossales en simples locations. Ensuite de quoi la Warner a *brûlé*, je répète, *brûlé* trente années de dessins originaux pour faire place au nouveau département publicitaire du studio. De cet épisode, commente Jones, à juste titre outré, on peut déduire ce que Jack Warner pensait vraiment de l'Animation [1]. »

L'histoire est éloquente, qui oppose d'une part l'organisation toute-puissante de Walt Disney, relayée par des nuées d'avocats et d'hommes d'affaires, prolongée depuis sa mort par des héritiers intelligents, des disciples ardents, un public rituel, quasi héréditaire et dont les cels prétendument originaux sont encore vendus à Disneyland au prix d'œuvres originales [2] et de l'autre le sort ultime des films de Tex Avery, soldés comme on l'a vu et qui aujourd'hui encore n'ont jamais été recensés avec exactitude : on ne les connaît pas tous, leur nombre reste indéfini et leur redécouverte permanente.

Nous sommes ici devant une fable comme les concevait Tex Avery, sur les injustices flagrantes des variations de taille, Disney figurant quelque canari géant à la taille de plus en plus cyclopéenne (on sait

1. Chuck Jones, le 27 août 1978, au *Los Angeles Times*.

2. Ces cels qui portent son label sont en réalité les décalques faits par des encreurs et gouacheurs anonymes du travail des intervallistes appointés sur ces séquences. Si l'on compte les millions de cels qui président à la fabrication d'un long métrage, la récupération financière sur ce seul matériau, déjà amorti au niveau de l'exploitation, risque de durer un siècle ou deux. Elle représente une fructueuse sous-industrie qui fait de feu Disney le plus grand manager de l'histoire, au-dessus d'Henry Ford ou Marcel Dassault !

que vingt ans après sa mort, l'entreprise Disney continue à se développer sous le boutoir d'ambitions familiales d'ailleurs presque exemplaires : après le frère et le neveu, toute une dynastie reconquiert Hollywood avec des productions de plus en plus différenciées). Avery serait alors immanquablement la puce infime ou la souris qui n'ingérera plus jamais, sauf dans notre imagination, son quinquina régénérant. J'en parle impartialement, le génie de Walt Disney n'est pas, ne saurait être en cause : le même Chuck Jones qui mena la fameuse grève de 1941 aux usines Disney (celle qui engendra l'UPA) dit encore à présent de lui qu'il est « le D.W. Griffith de l'Animation » en ce qu'il a « créé un langage international » [1].

Il se trouve qu'un bon tiers de l'œuvre de Tex Avery prend l'emphatique contre-pied de Walt Disney et de son univers euphorisant. Tantôt il le pastiche de propos délibéré, multipliant les bestioles délicieuses de la forêt pour en faire d'exaspérantes créatures houspilleuses (dans *Wacky Wild Life* par exemple), tantôt il décide de pratiquer un antiféerisme féroce, moquant les princesses de rêve, les héroïnes

1. Même citation du *Los Angeles Times*.
Moi-même, j'ai publié jadis *le Dessin animé après Walt Disney*, mais pour honorer l'animation selon Trnka, McLaren et Avery, puis j'ai voulu rétablir l'équilibre en annonçant un *Dessin animé après Bosustow* (*Positif*, 1963). Il ne vit jamais le jour.

virginales et larmoyantes (*Swing Shift Cinderella*, *Li'l Red Riding Hood*) qu'il transforme en autant de pin-up affolantes, aux déhanchements de stripteaseuses et aux appas érotiques envahissants qui provoquent chez le mâle de l'espèce, généralement un loup libidineux, la mimique de l'ébullition sexuelle la plus outrée. Avery parodie un monde harmonieux qui représente le consensus du bon goût à l'américaine et dont les codes immuables stimulent son sens de l'effraction.

Débutant chez un imitateur de Disney, et même plusieurs [1], il n'a pas eu comme certains de ses amis ou collaborateurs (Chuck Jones ou Preston Blair) le stimulus de l'enseignement systématique à l'académie Disney que décrit si bien Wolfgang Reitherman, l'actuel prince régnant.

Il est tentant d'opposer Walt, le gentil général boy-scout confisqueur de classiques qui « signe » sans complexe les œuvres de Carroll, Barrie, Perrault et Collodi passées au domaine public, et Tex, authentique innovateur, un naïf certes — et même un primi-

1. On s'interroge sur les débuts possibles d'Avery chez Charles Mintz, l'un des premiers repreneurs d'Oswald le lapin, dont les rapports avec d'autres animateurs de la Warner sont établis. Walt Disney avec ses Silly Symphonies a ouvert la porte à Charles Mintz et ses Screen Gems, à Walter Lantz et ses Musical Miniatures, Swing Symphonies, ses Cartune Classics, à Leon Schlesinger qui cumule les Looney Tunes avec les Merrie Melodies.

tif (comme l'était le douanier Rousseau au sein de l'impressionnisme), mais un primitif que toute l'Animation imite et qui, au-delà des graphismes à la mode, impose sa patte, son cosmos, ses caractères ahurissants, son rythme fou.

D'une certaine manière, et même de plusieurs, Walt Disney avait fixé, et fixe encore, le standard absolu de l'animation objective-littérale, basée sur le réel, sur les études du mouvement animal et humain, sur la structure osseuse et musculaire, sur les expressions du visage reflétées au miroir, sur les gestes rotoscopés. Il doublait tous ses longs métrages animés de superbes documentaires sur les fauves, les oiseaux, les créatures du désert ou du marais (la série « C'est la vie »), s'appuyait sur les lois de la nature, la gestuelle, la physiognomie. Bambi pouvait être placé aux côtés d'un vrai faon, Blanche-Neige aux côtés d'une héroïne de story-book. Tout fonctionnait dans le réalisme de la carte postale ou des enquêtes exhaustives du *Scientific American*. Disney a été (en général, j'adore les généralités) à la fois l'Audubon, le Darwin et le Muybridge de l'Animation.

Et Avery en a été le négatif total et sarcastique. Il fignole de faux documentaires au mouvement accéléré, comme *Believe it or Else !*, avec ses curiosités fictives dignes du baron de Münchausen (« La chose vous étonne sans doute ? Elle me fit le même effet. ») Mais tous ces faux docus sont frappés d'insanité délibérée, hantés de créatures absurdes, oiseaux moqueurs, poissons bicéphales, lion flagada, écureuil fou, agneau boulimique qui avale la lune, Pygmée plus miniature que de raison. Ses récits de voyage sont truffés de mensonges éhontés, d'exagérations sans frein, d'informations stupéfiantes. S'il visite *l'Ile de Pingo Pongo* c'est pour contredire *la Croisière du « Beagle »* en découvrant de fausses îles Galapagos, où le paquebot *Queen Minnie* ne risque pas d'alimenter le British Museum en pièces confondantes pour le théoricien.

Tex Avery ne vise ni le musée de l'Homme ni le prix Nobel d'entomologie. Ses vues de la nature sont insondables et frénétiques, et ses informations sont peu crédibles. *Fresh Fish* énumère des espèces rares de poissons qui injurient le bon sens, comme le requin siffleur ou le hareng soûl qui demandent à voir Mr. Ripley ou à figurer dans le *Guinness des records*. *Bug Parade* fait de même pour les insectes. Dans un même film, Avery change d'idée, de continent ou d'espèce animale, et s'intéresse moins à couvrir un sujet qu'à torpiller le genre. Il en va ainsi des sempiternels couchers de soleil de l'ineffable James Fitzpatrick que son héros finit par canarder pour en venir plus vite à bout (dans *The Isle of Pingo Pongo*).

C'est presque une affaire de principe : la crédibilité, le tellurisme, la solidité tout ésopienne de Disney, basés sur une observation minutieuse de l'univers stable et immuable, sont foulés aux pieds avec une joie sauvage. Avery nous propose ses propres lois naturelles, qui sont toutes de dérèglements, d'inversions, de violations physiques de l'ordre scientifique (il nie la gravitation, l'attraction terrestre, l'échelle des espèces, s'en tient aux purs extrêmes et aux anomalies, quitte à verser dans l'illusion d'optique). Il ne donne que de fausses explications ; ses descriptions sont savamment piégées : il adore accumuler les diagrammes illisibles, les plans truqués, les bleus d'ingénieur incohérents, les itinéraires en pointillé qui dessinent des courbes irrationnelles. Il nous entraîne sans savoir lui-même où il va, avec la joie de l'ignorer.

En somme, à Audubon il préférerait Edward Lear, excentrique comme lui, collectionneur de perroquets prodigieux ; à Darwin il opposerait Desmond Morris, Arthur Clarke et Konrad Lorenz ; à Muybridge il substituerait Weegee, Diane Arbus et une dose de Ron Galella.

C'est sur la fin de course et dans le posthume que se révèlent le mieux les différences, l'opposition entre Tex Avery et Walt Disney. Féru de progrès techniques incessants, une foi qu'il a su transmettre à ses héritiers et que ses entreprises colossales revitalisent en permanence à Disneyland, Disneyworld, Epcot, Disney a quadrillé et sponsorisé les recherches, de l'électronique à la NASA, a fait grimper l'animation au niveau des techniques de pointe et du perfectionnisme formel figuratif. Avery, le solitaire sauvage, le marginal et le primitif, s'est contenté des créneaux de satiriste et de philosophe. Il scrute les deux infinis chers à Pascal (qu'il n'a sans doute pas lu !) et se qualifie dans le registre du vertige et de l'existentiel.

Dans l'au-delà, ces deux fantômes on ne peut plus actifs se mesurent dans quelque Walhalla sans perspective où ils ne rivalisent pas mais se complètent.

PS : Bien entendu, s'il n'avait fait que de l'anti-Disney, Tex Avery n'aurait guère survécu que comme une curiosité, un reflet satirique. Ce qui l'assure de son immortalité, c'est son style unique de récit, son antinarration, sa vitalité de haricot sauteur, son enthousiasme de Texan vorace, son narcissisme.

Ce qu'il y a de moderne en lui, c'est son absolu mépris de l'esthétique. Il ne recule pas devant la laideur, surenchérit souvent dans la vulgarité. Où Disney, par désir de joliesse, tombe souvent dans la fadeur (les personnages clownesques, les animaux facétieux et même les traîtres éclipsent facilement chez Avery les princesses de Prisunic et les chevaliers de style Mattel), Avery ne prend jamais modèle chez les illustrateurs de contes de fées, sinon pour s'en moquer (voir les lutins bénéfiques du cordonnier dans *The Peachy Cobbler*).

Il n'enjolive rien et n'enlaidit personne volontairement. Il ne fait que céder au mouvement interne de son imaginaire, qui prolifère dans un domaine réservé, individuel jusqu'à l'unicité. Il ne savait probablement pas ce qui était beau, ce qui était laid : ces distinctions ne le concernaient pas. Il était simplement fidèle à sa vision, qu'il n'imposa jamais à ses disciples et dont il ne tira jamais système.

Droopy et son double.

VI

Lexique succinct des métaphores texavériennes

IL Y EUT JADIS LES *beau comme* de Lautréamont, les images verbales de Reverdy, les recherches d'inspiration de Robert Desnos trouvant ses *bottes de sept lieues* dans la phrase JE ME VOIS.

Tex Avery, dans la lignée directe de ces immenses poètes (mais il n'eut pas conscience d'en être un), a créé et imposé par son outil habituel : le martèlement, la répétition à satiété, une nouvelle forme de métaphore, à proprement parler hiéroglyphique, où perce son langage inimitable, son espéranto visuel.

Ces images sont passées à ce point dans les mœurs de l'Animation contemporaine qu'elles finissent, employées par des disciples ou des imitateurs, par trahir leur emprunt révérent ou cynique, comme une forme d'adjectivation, comme un appendice texavérien, un dépôt de brevet.

Effritement

Personnages qui tombent en morceaux ou se fragmentent, dentitions qui, après un suspens suivant momentanément l'impact, s'éparpillent en unités fuyantes, visages qui se démantèlent en rejoignant le sol et se recomposent en un ordre inédit. Les rhinos de *Half-Pint Pygmy* se disloquent comme des armures au magasin des accessoires et révèlent leur armature gracile. Big-Heel Watha, assommé par l'Écureuil fou, se décompose en Wathas infinitésimaux. De même le Loup lubrique pris de panique fuit par minuscules armées en désordre dans une Berezina de fourmilière.

Folie lubrique

Les yeux évacuent leurs orbites au bout du nerf optique et flottent dans l'espace; le corps en érection totale pointe comme un vecteur ; la mâchoire décrochée tombe au sol ; les vêtements se retroussent tout seuls ; la tête est martelée sur les cloisons ; le regard effectue un tour complet dans l'occiput sans tenir compte de l'anatomie ; le corps se consume en un clin d'œil comme un mégot, ou bien se replie comme une nappe, à moins qu'il ne s'enroule sur lui-même comme un store battant. Les yeux brûlent tout ce qui les sépare de l'objet aimé, trouent un menu de restaurant ; c'est le regard perce-muraille des sur-

Le lion Flagada.

réalistes devenu carboniseur. Le personnage se donne des coups de pied dans la mâchoire et frappe les meubles à grands coups de lui-même.

Folie définitive (précédant l'internement)

La lèvre inférieure est taquinée de l'index comme un projet d'infantilisme. Le regard vitreux, la victime texavérienne est le siège d'un feu d'artifice intérieur évoquant le Fourth of July ; des serpentins et des drapeaux américains lui sortent de la bouche et des oreilles, et le tout repart en boucle jusqu'à la camisole. La victime se frappe sur le crâne à coups de maillet, découpe des silhouettes en papier.

Détachement

Le sourire glisse sur le visage comme une crêpe sur une poêle à frire ; les traits du visage se répandent, puis se reconstituent plus loin en un Arcimboldo (à ne pas confondre avec l'effritement) ; la queue se détache du corps, comme selon cette croyance abusive qui veut que les membres trop rarement utilisés, vous pensez tous au même bien entendu, finissent d'eux-mêmes par se décrocher du reste. Les animaux de la jungle et de la forêt sont littéralement déshabillés, tondus ; leur toison subtilisée jusqu'au sous-vêtement ou au squelette les laisse cruellement nus.

Accélérations insanes

Le loup en fuite se démultiplie dans l'affolement, effet souvent recopié par Jerry Lewis lorsqu'il dégringole un escalier (utilisant alors deux ou trois doubles, mais jamais de truquage). Droopy le poursuivant, devenu multitude, envahit à lui seul les corridors (dans *Northwest-Hounded Police*).

Citations de films

Encore le loup, avec la voix et l'accent de Charles Boyer : « *Come with me to the Casbah* » (cette phrase n'a jamais été prononcée dans *Algiers* ni dans aucune des versions de *Pépé le Moko*, mais elle fait la fortune de tous les imitateurs).

Peter Lorre, incarnation de la personne déplacée, apparaît n'importe où, au pôle Nord ou dans le Sahara ; George Sanders, à l'impeccable diction, devient renard, putois, détenu à Sing-Sing ou noceur flegmatique dans les tripots du Yukon ou de Manhattan. Ceci ne concerne pas les films d'Avery sur

Hollywood, une tradition caricaturale dans le cartoon où apparaissent de nombreuses stars (*Hollywood Steps out*, *Duffy Duck in Hollywood*).

Aphorismes vivants

Raccourcis lichtenbergiens, images closes qui s'annihilent elles-mêmes (comme le fameux couteau sans lame auquel manque le manche), ils sont suffisamment forts chez Avery pour lui servir de carte de visite. Pour définir Tex Avery, il suffit de citer l'un ou l'autre :

— Le kangourou de *Slap-Happy Lion* qui, pour fuir le danger, saute dans sa propre poche et disparaît. A ne pas confondre avec le pélican qui, pour la même raison, ouvre son vaste bec et se gobe lui-même.

— Le dromadaire multiple, avec douze bosses et deux têtes, l'une à chaque extrémité, vrai résumé de dromadaire et de chameau. Mélange de collage et de dépliage, mais vivant.

— La girafe double (deux corps pour un seul cou et pas de tête !).

VII

Une spécialité : le Sur-Commentaire

TEX AVERY, quels que soient son excessive modestie (tout ce qu'il fait se vautre dans l'excès, et même la surenchère de l'excès), son manque d'ambition et son goût pour l'éloignement (il s'est tenu à l'écart de l'establishment hollywoodien, même celui très convivial et restreint de l'Animation), a volontairement contenu son travail (ce qui pour nous est devenu son œuvre) dans un cadre fermé, celui du commentaire parodique narcissique. Tel un André Gide écrivant triomphalement : « J'écris *Paludes* » (dans *Who Killed Who ?*, la future victime lit un livre intitulé *Who Killed Who ? D'après le cartoon du même titre*), il souligne ses propres gags de remarques cycliques, d'apartés dirigés vers le spectateur ; il se régale de leur répétition, et *sur-commente* sans cesse ses films, où abondent les pancartes, panneaux, cartons, graffitis et confidences graphiques, volontiers adressés à la caméra, qui parfois panoramique sur eux complaisamment.

« *You know what ? I'm happy !* », propos immortel de Droopy, se double de nombreux « *Guess who ?* », « *Kilroy was here* » ou « *As if you did'nt know !* » qui ont plus de force comique s'ils sont inscrits sur les murs ou sur une pancarte brandie juste à propos. Un énorme monolithe se prépare à écrabouiller un fuyard qu'il cible d'avance de son ombre projetée. Sur lui sont gravés ces mots lourds de menace : « CE ROCHER VA LE REFROIDIR COMME UN SURGELÉ DE MAQUEREAU ! » Le loup poursuivi par Droopy jusqu'à une poubelle providentielle brandit un panneau, où l'on peut lire : « NON, JE NE SUIS PAS ICI ! » Deux fuyards en fin de film passent devant l'inscription « THE END », et la dépassent !

Les protagonistes commentent leur propre nature de créatures dessinées. Sur l'un d'eux est tatouée l'inscription : « MON CORPS EST LA PROPRIÉTÉ DE LA WARNER. » Mieux encore, les héros se plaignent à nous en cours de film sur les mauvaises plaisanteries que le scénario leur attribue : « UN GAG PLUTÔT VIEILLOT, VOUS NE TROUVEZ PAS ? », et parfois les désamorcent et s'en lavent d'avance les mains : « LE TYPE QUI A CONÇU CE GAG MINABLE NE TRAVAILLE PLUS CHEZ NOUS ! » (qui désavoue tout simplement le dialoguiste !). Embringués dans une aventure qui les malmène, ils hissent la pancarte : « WAS THIS TRIP NECESSARY ? »

C'est une critique du récit par son propre mécanisme de déroulement. C'est une manière de soliloquer dans la coulisse, de tenir le sujet à distance, en suspicion, et de s'en dissocier. Mais c'est aussi une

Northwest Hounded Police.

forme faussement béate d'auto-analyse de l'auteur, sceptique en diable, qui se met lui-même (ou feint de se mettre) en question, et se retrouve seul devant son propre imaginaire, comme un Hamlet joker qui prononcerait, mais cette fois par clownerie, son fameux : « *Words, words, words !* »

« Je ne comprends jamais rien tant que je ne l'ai pas *écrit* », disait Horace Walpole, définissant ainsi l'un des credo majeurs de l'écriture, qui est la mise à l'épreuve de la pensée devant l'énonciation. Les héros d'Avery ne comprennent rien, ne croient à rien tant qu'ils ne l'ont pas déchiffré sur un mur, ou sur un poteau indicateur. Ce champion du supersonique, du *méta-gag* comme disent les Américains, lui dont l'embrayage est carrément perpétuel, aura passé sa vie à nous faire entrevoir des fantasmes si fugaces, si foudroyants qu'on doute même de les avoir vus. Nous sommes comme Buster Keaton lorsqu'il ferme les yeux et puis les rouvre pour être bien sûr de ce qu'il a vu. Mais, chez Avery, c'est une fin brutale de non-recevoir : « Non, vous n'avez encore rien vu ! » Mélange de forfanterie et de lucidité, il courtise le pléonasme du gag que l'on matérialise par écrit pour être sûr (*scripta manent*) qu'il a passé la rampe et que la flèche a bien atteint le but. Il ne se contente pas de nous prendre à témoin, en arborant une feinte incrédulité qui nous installe vite fait dans l'émerveillement. Le procédé est d'un bateleur avisé dont la surenchère remplacerait le : « Vous allez voir ce que vous allez voir ! » par un : « Vous n'avez pas vu ce que vous avez cru voir ! »

Tout cela est modulé de mille manières différentes, allant du graffiti « I HATE DOGS » du *Chat ventriloque*, qui est une affirmation de principe, ou du panneau : « VILLAIN », qui désigne le traître du récit (qu'a déjà dévoilé son pur graphisme maléfique), jusqu'au simple badge : le mot « SUCKER » inscrit dans une sucette géante désigne doublement le gogo (*sucker* a le double sens de « sucette » et de « poire »), et jusqu'à ces dénégations pirandelliennes dont nous parlions du personnage en fuite d'auteur, et cette manière de désigner le gag quelquefois à l'avance pour s'assurer de son implantation.

Chuck Jones nous a parlé, on s'en souvient, du *Long, isn't it ? gag* créé par Avery et qui était devenu à la Warner un mot de passe, un signe de complicité entre animateurs, qui visait à remplacer le gag par un simple signal. Progrès immense à l'intérieur du dessin animé paroxystique, où l'on a pu croire que tous les gags avaient déjà été trouvés et dénombrés, comme les situations dramatiques essentielles, et où leur simple évocation se suffisait à elle-même. Pourquoi montrer une scène atroce quand on peut la remplacer par la simple mention : « SCÈNE ATROCE » ? On s'aperçoit ici qu'Avery est un grand maître du langage, et devrait être étudié tout spécialement par les sémiologues dotés d'humour (il est vrai qu'il y en a si peu !).

A l'origine, il s'agissait de cette limousinc interminable qui n'en finissait pas de défiler devant le cadre, conduite par un loup citadin aux goûts voyants et dont l'épate soulignée méritait cet aparté de médusement : « Elle est longue, en effet ! » Ce procédé, choyé par tous les collaborateurs d'Avery à la Warner devint célèbre au point d'être baptisé par eux du nom de la première facétie.

Suit la longue succession des « *Silly, isn't it ?* » des « *Isn't it rural ?* » (pour désigner une lourde plaisanterie de péquenots), du « Monotone, n'est-ce pas ? », du panneau qui désamorce une péripétie annoncée, puis retirée : FOOLED YA ! (Je vous ai bien eus !), ou du très frustrant NO PEEKING ! (On ne regarde pas !) qui s'inscrit sur l'écran lorsqu'on souhaite à tout prix percer le secret d'un noir partiel de l'image où prend place un manège très attendu.

Ces facéties graphiques sont en réalité une suspension de crédibilité qui épouse le projet pervers d'Avery de torpiller le récit. Le cartoon se moque de sa propre action, et finit par se moquer du spectacle lui-même. Les créatures dessinées s'adressent directement au spectateur, mais le provoquent aussi et parfois le poussent à se manifester. Avery profile souvent sur l'écran dessiné la silhouette d'un spectateur qui se lève pour quitter la salle, ou qui tente de s'esquiver avant la fin du film. Dans *Thugs With Dirty Mugs*, c'est un spectateur qui désigne l'assassin à la police !

Il n'y a qu'un pas entre le personnage qui fièrement annonce au spectateur : « Je lui fais ce genre de coups-là tout le long du film ! » (ce qui est une manière de condenser le temps en évitant ces répétitions dont Tex abuse parfois) et cet autre (c'est une souris dans *King-Size Canary*) qui annonce à son poursuivant : « Tu ne peux pas me manger ! J'ai déjà vu le film et, avant la fin, je te sauve la vie ! »

Dans la période Metro-Goldwyn-Mayer les personnages se poursuivent jusqu'au rebord de la pellicule et le dépassent, avant de réintégrer péniblement le film, ou bien stoppent le récit pour réclamer le lion de la Metro, ou le générique qui a été escamoté. Bugs Bunny dans la période Warner lit à haute voix son propre générique et se vexe du titre *Tortoise Beats Hare*. Ailleurs les créatures se poursuivent au-delà d'une frontière peinte sur le sol, et qui sépare le Technicolor du noir et blanc, puis reviennent à la hâte reprendre leurs couleurs [1].

Dans *Little Stinker*, la réplique « Oh Frankie ! », lamento des groupies amoureuses du putois (et de Sinatra), devient une épitaphe sur la tombe de la plus

1. « Avery viole avec une folle arrogance la sainteté du cadre et celle du mouvement avant dans le cartoon » (Richard Thompson, *Film Comment*, n° 39, mai-juin 1976).

vieille, donc un cimetière de l'amour gravé dans le marbre.

Ce sur-commentaire avérien est une négation, une annihilation interne de l'entier spectacle dessiné, qui anticipe sur certaines comédies loufoques américaines comme *Hellzapoppin* dont les protagonistes se « trompent de film ». Il prouve le caractère éminemment adulte du cartoon lorsqu'il devient un « Discours sur le Peu de Réalité ». Dans le dessin animé du paroxysme selon Avery, le gag est devenu le vrai sujet, il supplante l'intrigue, le genre, les personnages eux-mêmes.

On peut énumérer et décrire les gags de Tex Avery, c'est une tout autre chose que de les suivre sur leur propre terrain, et de saisir leur essentielle modernité. Avery court-circuite le gag dans son essence, et le gag pur a été inventé dans le seul but d'être confronté comme un phénix à son propre anéantissement. On ne plaisante pas avec le gag ; on se mesure à lui, et on l'assume.

VIII

Chronologie (Épouvantablement Définitive)

1908 26 février. Naissance de Frederick Bean Avery, à Dallas (Texas)[1].

1929 Encreur, intervalliste, puis animateur chez Walter Lantz, sur *Oswald le lapin*.

1936 Entre à la Warner Bros., chez Leon Schlesin-

1. La date elle-même est incertaine. On a longtemps cru qu'il était né en 1907, et à Taylor, qui est une banlieue de Dallas. On aimerait qu'un jour soit publié un acte de naissance. Ne serait-ce que pour savoir si Tex descend, comme on l'affirme mais sans preuves, du juge Roy Bean !

ger. Anime Porky Pig, Daffy Duck, Elmer Fudd. Supervision de Fred Avery, disent les génériques, qui le désignent ensuite comme « directeur technique ».

1940 Sur *A Wild Hare*, il fixe définitivement le personnage de Bugs Bunny, qu'il a créé en collaboration. Toujours étiqueté « superviseur ».

1942 Dirige la série Speaking of Animals, et « signe » pour la première fois un film, *Blitz Wolf*, du nom de TEX Avery.

1947 Premières apparitions des films d'Avery en Europe. Tex entre dans le mystère pour une quinzaine d'années. (Voir la bibliographie.)

1954 Signe *I'm Cold*, un Chilly Willy, personnage déjà utilisé en 1953 par Alex Lovy, mais qu'il marque de sa propre griffe.

1962 Lettre de Tex à Robert Benayoun, sa première manifestation d'autonomie vis-à-vis du studio qui l'escamote.

1963 La revue *Positif* ouvre un Bureau de recherches texavériennes.

Le 19 septembre, je rencontre Tex à Los Angeles, au restaurant Musso & Frank's. Je l'interviewe ensuite aux studios Cascade. C'est le premier entretien de Tex Avery avec qui que ce soit. Il en est le premier surpris.

1969 Joe Adamson à son tour rencontre Tex Avery aux studios Cascade, et publie l'entretien en

1970 au Canada dans la revue *Take One*. Cet entretien, on ne sait pourquoi, est le seul qu'ait reproduit la presse française, bien qu'Adamson, dans son livre *Tex Avery King of Cartoons* (1975) cite sept numéros de *Positif*, de 1954 à 1974, parmi ses sources les plus sûres. L'interview de *Take One* reproduit d'ailleurs les clichés au trait piqués dans *Positif*. Joe Adamson est cependant un excellent critique, auteur d'un remarquable livre sur les frères Marx, *Groucho, Harpo, Chico and Sometimes Zeppo* (1973). Il s'est comme moi livré à une enquête avant d'interviewer Tex Avery, a rencontré plusieurs de ses collaborateurs. Il raconte les gags avec verve et précision, faisant preuve d'humour individuel.

1972 Janvier. Premier *Hommage à Tex Avery* à la télévision française par le Ciné-Club de la deuxième chaîne, hommage renouvelé depuis à chaque réveillon.

1973 13 juin. *Histoire du dessin animé : Tex Avery*, émission de Solange Peter et Robert Benayoun sur la troisième chaîne.

1980 28 août. Mort de Tex Avery à Burbank, Californie.

Filmographie (perfectible)

Nota : L'Animation, genre mouvant, activité fugace, est encore difficile à répertorier. Certains travaux collectifs, comme l'arbre généalogique publié par André Martin à Montréal, déblaient le terrain, mais suscitent des controverses. Des trous demeurent, qui déséquilibrent la cohérence des témoignages. Toutes les filmographies publiées de Tex Avery sont contestées. Tous les témoins, Chuck Jones, Heck Allen, Bob Clampett, Tex Avery lui-même, ont été tour à tour accusés par les uns et par les autres de mauvaise mémoire, d'erreur factuelle, de confusion ou de partialité. Contrairement à d'autres, nous avons indiqué non les dates de sortie des films, mais celles de la fabrication, telles qu'elles figurent dans les listes annuelles de la firme productrice. Elles indiquent l'incroyable prolixité d'Avery, qui en certaines périodes livrait plusieurs films *par mois* et à des firmes différentes, géographiquement proches, il est vrai ! Un écheveau parfois fort délicat à démêler, et qui en dit long sur les méthodes de travail de ces pionniers.

LES ANNÉES DE FORMATION

1930 : Fox - Paul Terry

Aesop's Sound Fables (en noir et blanc) :

6 avr.	*Indian Pudding*
8 avr.	*Dixie Days*
30 mai	*Oom Pah Pah*
20 juil.	*Snow Time*

10 août *Monkey Meat*
24 août *Chop Suey*
9 nov. *Gypped in Egypt*
14 déc. *Golf Nuts*
Animateurs : Frank Sherman, Bill Tytla, Fred (Tex) Avery.

1933 : Columbia

Screen Gems, de Charles Mintz :
Krazy Kat (en couleurs, supervision de Ben Harrison et Manny Gould)
18 avr. *The Broadway Malady*
14 juin *Antique Antics*
Animateurs : Preston Blair, Fred (Tex) Avery.

1933-1935 : Universal

Walter Lantz signe *tous* les films réalisés sous son mandat, et n'attribue aucun crédit directorial avant 1938 !
19 juin 1933 : *Ham and Eggs*, de Walter Lantz et William Nolan (un Oswald le lapin)
28 mai 1934 : *Annie Moved Away*, de Walter Lantz et W. Nolan (un Oswald le lapin)
Sur ces deux films, le rôle de Tex Avery n'a pas été déterminé.
29 avril 1935 : *Elmer the Great Dane* (animateur : Tex Avery)
3 juin 1935 : *Towne Hall Follies* (animateur : Tex Avery)

WARNER BROTHERS

Tous les films qui suivent portent la mention « *Supervision : Fred (Tex) Avery* ». Dans le cas d'Avery qui faisait tout : conception, esquisses, traçage, encrage, animation, et parfois même doublage (car il prêtait sa voix à certains personnages), le terme de *superviseur* équivalait à celui de *réalisateur* qui ne lui fut jamais attribué à la Warner.

1936

7 janv.	*Gold Diggers of 49*, Looney Tunes
7 mars	*Page Miss Glory*, Merrie Melodies
4 avr.	*The Blow-Out*, Looney Tunes
30 avr.	*Plane Dippy*, Looney Tunes
16 mai	*I'd Like to Take my Orders From You*, Merrie Melodies
18 juil.	*I Love to Singa*, Merrie Melodies
1er août	*Porky the Rainmaker*, Looney Tunes
3 oct.	*Milk and Money*, Looney Tunes
7 nov.	*Don't Look Now*, Merrie Melodies
14 nov.	*The Village Smithy*, Looney Tunes

1937

2 janv.	*Porky the Wrestler*, Looney Tunes
6 mars	*I Only Have Eyes for You*, Merrie Melodies
13 mars	*Picador Porky*, Looney Tunes
17 avr.	*Porky's Duck Hunt*, Merrie Melodies
1er mai	*Aint We Got Fun*, Merrie Melodies
12 juil.	*Uncle Tom's Bungalow*, Merrie Melodies
17 juil.	*Egghead Rides Again*, Merrie Melodies
21 août	*A Sunbonnet Blue*, Merrie Melodies
11 sept.	*Porky's Garden*, Looney Tunes
25 sept.	*I Wanna Be a Sailor*, Merrie Melodies
6 nov.	*Little Red Walking Hood*, Merrie Melodies

1938

12 mars	*The Sneezing Weasel*, Merrie Melodies
23 avr.	*The Penguin Parade*, Merrie Melodies
28 mai	*The Isle of Pingo Pongo*, Merrie Melodies
23 juil.	*Cinderella Meets Fella*, Merrie Melodies
24 sept.	*A Feud There Was*, Merrie Melodies
22 oct.	*Johnny Smith and Poker-Huntas*, Merrie Melodies
12 déc.	*Daffy Duck in Hollywood*, Merrie Melodies
31 déc.	*The Mice Will Play*, Merrie Melodies

1939

28 janv.	*Hamateur Night*, Merrie Melodies
11 mars	*A Day at the Zoo*, Merrie Melodies
25 avr.	*Detouring America*, Merrie Melodies
6 mai	*Thugs With Dirty Mugs*, Merrie Melodies
3 juin	*Believe it or Else*, Merrie Melodies
15 juil.	*Dangerous Dan McFoo*, Merrie Melodies
23 sept.	*Land of the Midnight Fun*, Merrie Melodies
4 nov.	*Fresh Fish*, Merrie Melodies
16 déc.	*Screwball Football*, Merrie Melodies

1940

13 janv.	*The Early Worm Gets the Bird*, Merrie Melodies
16 mars	*Cross Country Detours*, Merrie Melodies
13 avr.	*Bear's Tale*, Merrie Melodies
25 mai	*A Gander at Mother Goose*, Merrie Melodies
22 juin	*Circus Today*, Merrie Melodies
27 juil.	*A Wild Hare*, Merrie Melodies (nominé à l'Oscar)

24 août	*Ceiling Hero*, Merrie Melodies
12 oct.	*Holiday Highlights*, Merrie Melodies
9 nov.	*Wacky Wildlife*, Merrie Melodies
7 déc.	*Of Fox and Hounds*, Merrie Melodies

1941

13 févr.	*The Haunted Mouse*, Looney Tunes
15 févr.	*The Crackpot Quail*, Merrie Melodies
15 mars	*Tortoise Beats Hare*, Merrie Melodies
19 avr.	*Porky's Preview*, Looney Tunes
24 mai	*Hollywood Steps Out*, Merrie Melodies (nominé à l'Oscar)
5 juil.	*The Heckling Hare*, Merrie Melodies
2 août	*Aviation Vacation*, Merrie Melodies
13 sept.	*All This and Rabbit Stew*, Merrie Melodies
11 oct.	*The Bug Parade*, Merrie Melodies
22 nov.	*The Cagey Canary*, Merrie Melodies

1942

24 janv.	*Aloha Hooey*, Merrie Melodies
28 févr.	*Crazy Cruise*, Merrie Melodies

METRO-GOLDWYN-MAYER

Tex a désormais droit au titre de réalisateur.

1942

22 août	*The Blitz Wolf* (Le Très Méchant Loup), (nominé à l'Oscar)
29 août	*The Early Bird Dood it* (L'Oiseau matinal)

1943

20 mars	*Dumb Hounded* (Droopy fin limier)
8 mai	*Red Hot Riding Hood*
5 juin	*Who Killed Who?*
14 août	*One Ham's Family* (Quel petit cochon !)
27 nov.	*What's Buzzin' Buzzard?* (Qui a trop faim ?)

1944

1er avr.	*Screwball Squirrel* (Casse-Noisette et ses copains)
22 avr.	*Batty Baseball*
24 juin	*Happy-Go-Nutty* (Casse-Noisette fait le fou)
21 oct.	*Big-Heel Watha* (Casse-Noisette s'amuse)

1945

13 janv.	*The Screwy Truant* (Casse-Noisette fait l'école buissonnière)
3 mars	*The Shooting of Dan McGoo* (Un petit bar sans histoire, *ou* Droopy en Alaska)
7 avr.	*Jerky Turkey*
25 août	*Swing Shift Cinderella* (Les Métamorphoses de Cendrillon)
3 nov.	*Wild and Wolfy* (Entre chien et loup)

1946

9 mars	*Lonesome Lenny* (Un chien bien solitaire, *ou* Lenny s'ennuie)
15 juin	*The Hick Chick* (Le Poussin indécis)
3 août	*Northwest Hounded Police* (Police montée)
26 oct.	*Henpecked Hoboes* (Méfiez-vous des cocottes)

1947

12 avr.	*Hound Hunters* (George et Junior vagabonds)
3 mai	*Red Hot Rangers* (Pas de fumée sans feu)
19 juin	*Uncle Tom's Cabana* (La Cabane de l'Oncle Tom)
20 sept.	*Slap-Happy Lion* (Le Lion flagada)
6 déc.	*King-Size Canary* (Un drôle de canari)

1948

17 avr.	*Half-Pint Pygmy* (Le Pygmée demi-portion)
24 avr.	*What Price Fleadom* (Homère la puce)
15 juin	*Little Stinker* (Le Putois amoureux)
9 oct.	*Lucky Ducky*
20 nov.	*The Cat That Hated People* (Le Chat misanthrope)

1949

22 janv.	*Bad Luck Blackie* (Le Noiraud Porte-Malheur)
9 avr.	*Señor Droopy* (Droopy toréador)
16 avr.	*Wags to Riches*
11 juin	*The House of Tomorrow* (La Maison de demain)
30 juil.	*Doggone Tired* (Le Coup du lapin)
17 sept.	*Little Rural Red Riding Hood* (Les Deux Chaperons rouges)
5 nov.	*Out-Foxed* (Droopy chasseur)
24 déc.	*The Counterfeit Cat*

1950

27 mars	*Ventriloquist Cat* (Tom ventriloque)

10 juin — *The Cuckoo Clock* (Tom et le Coucou)
30 sept. — *Garden Gopher* (Entre chien et taupe)
4 nov. — *The Chump Champ* (Rien ne sert de tricher, *ou* Droopy sportif)
9 déc. — *The Peachy Cobbler* (Le Gentil Cordonnier)

1951

10 févr. — *Cock-A-Doodle Dog* (Cocorico, *ou* Le Chant du coq)
31 mars — *Daredevil Droopy* (Droopy l'intrépide)
5 mai — *Droopy's Good Deed* (Droopy scout modèle)
6 juin — *Symphony in Slang* (Symphonie en argot)
22 sept. — *Car of Tomorrow* (La Voiture de demain)
17 nov. — *Droopy's Double Trouble* (Droopy et son double)

1952

9 févr. — *Magical Maestro* (Tom et le Magicien)
15 mai — *One Cab's Family* (La Famille Taxi)
26 juil. — *Rock-A-Bye Bear* (Barnabé ronfleur)

1953

18 avr. — *Little Johnny Jet* (Bébé Avion à réaction)
6 juin — *TV of Tomorrow* (La Télé de demain)
26 déc. — *The Three Little Pups*

RETOUR A LA UNIVERSAL

1954

20 déc. — *I'm Cold* (Chaudes, les fourrures)

1955

14 févr.	*Crazy Mixed up Pup* (Le Meilleur Ami du chien)
11 avr.	*The Legend of Rockabye Point* (La Légende du rocher pointu)
6 juin	*Sh-h-h !* (Chut !)

METRO-GOLDWYN-MAYER

1954

20 févr.	*Drag-A-Long Droopy* (Droopy à la conquête de l'Ouest)
8 mai	*Billy Boy* (Billy la fringale)
10 juil.	*Homesteader Droopy* (Droopy pionnier)
18 sept.	*The Farm of Tomorrow* (La Ferme de demain)
6 nov.	*The Flea Circus* (Le Cirque des puces)
4 déc.	*Dixieland Droopy* (Droopy chef d'orchestre)

1955

30 avr.	*Field and Scream* (Pêcheur et Chasseur)
30 sept.	*The First Bad Man* (Le Premier Truand texan)
28 oct.	*Deputy Droopy* (Droopy shérif)
25 nov.	*Cellbound* (Mise en boîte), dir. : Tex Avery-Michael Lah

1956

21 sept. *Millionaire Droopy* (Droopy millionnaire), en CinémaScope

1957

25 janv. *Cat's Meow* (Le Chat ventriloque)

IX

Un discours sur le Peu de Réalité ?

« L'écran ondulant et frétillant qui simule une anguille. »

Benjamin Péret.

ON DÉCRIT volontiers les gags d'Avery comme « surréalistes ». Voilà un mot qu'on utilise de nos jours quand on n'en trouve pas d'autre pour qualifier l'inouï, l'indescriptible : un embouteillage, un chaos postal, une séance d'assemblée, une grève-surprise, nos commentateurs de l'audiovisuel ont souvent à la bouche ce mot qui sauve de l'embarras, et dont on a un peu trop vite oublié le contexte et le sens exact.

Cependant il se trouve que Tex Avery fut l'un des cinéastes favoris du mouvement surréaliste. Il est même le seul, avec Buñuel, à avoir fait (sur un niveau tout autre, j'en conviens) le consensus sur un sujet où la subjectivité trancha toujours avec quelque violence.

André Breton et Benjamin Péret ont exprimé publiquement leur goût pour *le Canari géant* ou *le Pygmée demi-portion*, projetés au cours de programmes surréalistes de cinéma modulés de la comédie musicale au cartoon (au Studio Parnasse en juin 1951).

Pour Breton, Tex Avery (et notamment *le Canari géant*, qui le ravissait) a peut-être évoqué l'écho d'un film ahurissant et contagieux qu'il a maintes fois décrit sans risque d'être contredit (sauf témoignage inverse, cette rareté a disparu) : *It's a Bird !* de Harold Muller, film d'objets animés datant de 1937, dont la photo fut publiée dans *Minotaure*, et où un oiseau boulimique « mangeait tout », selon Breton qui se disait « projeté pour la première fois, *les yeux dessillés sur la distinction platement sensorielle du réel et du fabuleux*, au cœur de l'étoile noire ».

Quant à Péret, il a pu reconnaître chez Avery la liberté de langage, la subversion sereine, l'ivresse folle de la trouvaille, le don du démarrage supersonique, la maîtrise olympienne du changement de rythme qui le caractérisent.

Péret chez Avery se retrouvait en terre natale, en

osmose fraternelle. Et comme il était incapable de reconnaître ses propres textes lorsqu'on les lui lisait, il témoignait une indulgence complice à ce gringo inconnu qui, sans le savoir, faisait du Benjamin Péret.

(Qu'on y songe, *le Gigot, sa vie, son œuvre*, traduit par *Life and Works of a Leg of Mutton* eût fourni un sujet presque idéal à Avery.)

Les cadets du groupe tombèrent vite sous le charme : « Surréaliste dans l'expression, Tex Avery est sans conteste le véritable poète frénétique du dessin animé érotique » (Ado Kyrou).

On trouve chez Avery des accumulations baroques comme des inventaires à la Prévert. Les chutes d'objets hétéroclites qui agressent *le Noiraud Porte-Malheur* (recensées par le Bureau d'études texavériennes) rejoignent les paires infernales qui pourchassent le lunaire *Chat misanthrope* : ciseau et feuille de papier, crayon et taille-crayon, clou et marteau, épingle à nourrice et langes de bébé, bâton de rouge et lèvres agressives.

Les films d'Avery contiennent des *collages* évidents de matières antagonistes où le cinéma « direct » confronte le dessin animé sans crier gare. Lorsque Tex, dans *Droopy toréador*, s'attarde sur les charmes réels de la pulpeuse Lina Romay, il en use comme de cette carte postale de l'Arc de triomphe que Bunuel fait sardoniquement surgir d'une jungle épaisse dans *la Mort en ce jardin*. Un gag surréaliste typiquement texavérien, en corollaire de cette juste observation d'un critique américain, Ronnie Scheib, sur « la clarté hallucinatoire et la distance analytique buñuéliennes des films d'Avery » (dans *The American Animated Cartoon*, voir la bibliographie).

Tant de présomptions criantes provoquent la fatale question à propos de Tex Avery : Peut-on devenir un surréaliste involontaire ? Ceux qui comme moi ont participé pendant près de vingt ans aux activités du mouvement surréaliste ont opté entre deux attitudes possibles sur une pareille question d'orthodoxie. Ils pouvaient annexer tout simplement, comme mon regretté camarade Ado Kyrou, tous les films de grande ou de petite catégorie qui provoquaient leur enthousiasme, ou, comme les puristes du mouvement, décider que seuls pouvaient être admis surréalistes ceux qui avaient contre tout autre choix vital reconnu et revendiqué les valeurs essentielles du surréalisme, adhéré officiellement au groupe ou signé ses déclarations collectives.

Breton lui-même a passé sa vie à reconnaître, tenir à distance ou simplement mobiliser tous ceux qui lui paraissaient dignes ou non de participer à ses côtés à l'aventure. Il a revendiqué dans les *Manifestes* de grands prédécesseurs (Bosch ou Arcimboldo) et, pour d'autres, opté pour une forme péremptoire d'arbitraire personnalisé : « Vaché est surréaliste en moi. » Sans vouloir verser dans l'abus de témoignage, les comparaisons excessives ou le pastiche indu, je me contenterai de clore sur ce chapitre en avançant très individuellement, et ceci bien entendu n'engage que le signataire très immodeste de ces lignes : Tex Avery est surréaliste en moi.

J'ajoute que volontairement par contre le surréalisme implicite d'Avery contrariait le réalisme délibéré de Disney, ce réalisme impérialiste des classes d'art et des académies visant à ramener sans cesse les animateurs aux sources physiques du mouvement décomposé. Disney, champion du trompe-l'œil exacerbé par la fameuse caméra Multiplane, visait pour certains films (*le Vieux Moulin*, *Bambi*) le relief total, la profondeur de champ dans une tradition plus proche du calendrier des postes que du barocco wellesien. Avery, truquant les perspectives, la réalité des personnages, ou le mouvement lui-même du spectacle cinématographique, se distançait de tous les modèles dans un improbabilisme anarchique, fait d'empilages effrénés, de pêle-mêle poétique et de chaos. Il partait du cliché énorme pour aboutir au bric-à-brac, à un marché aux puces de la vision (et la puce, faut-il le rappeler, est à Avery ce que le pou était, toute comparaison exclue, à Isidore Ducasse).

Une deuxième génération de la recherche texavérienne menée par *Positif* a conduit le surréaliste tchèque Petr Kral, un spécialiste du burlesque, à mener en 1974 une étude particulière sur Tex Avery. On en trouvera, en annexe, quelques extraits révélateurs.

X

En quoi le Mystère a construit Tex Avery

Son insolite *réserve* a toujours fait d'Avery un être à part, un outsider, et, contrairement au proverbe, les absents ont toujours raison, ils ont souvent le dernier mot. Tex Avery est le fils de son mystère, on peut dire que c'est le mystère qui, aux yeux de la critique tout au moins, l'a enfanté, l'a fait croître et proliférer.

On peut dire pour continuer que l'obstination bornée d'un Fred Quimby à l'occulter, à lui porter ombrage, à vouloir détourner l'attention des journalistes et des curieux ne l'a pas servi, bien au contraire. On n'écrira jamais sur lui.

A Hollywood, terre d'élection de l'image en mouvement, au pays des étoiles dans l'asphalte, des *premières* immortelles d'un soir, des supersalles de gala, et de l'Academy Award (auquel d'ailleurs, par deux fois nominé, notre homme n'obtint jamais aucune récompense), Tex Avery était célèbre pour son manque obstiné d'arrivisme, blasphème odieux en ces régions, par cette volonté de non-participant aux rites de la réussite. Son utilisation du téléphone demeurait unilatérale, il s'empressait toujours d'être bien loin ailleurs dans son ranch thébaïde. Il aurait pu, en toutes circonstances, chanter comme Groucho Marx : « *Hello, I must be going* » (Bonjour, il faut que je m'en aille).

Il n'aura fait, toute sa vie durant, que marquer son passage. Comme dans ses faux documentaires, il a multiplié les départs par des allées et venues ; ses œuvres sont apologétiques par leur tonitruance : il frappe, et sans s'excuser, il est déjà au-delà de l'horizon, hors d'atteinte, et comme souvent hors générique.

S'il a été porté aux nues, c'est par les francs-tireurs et les excentriques de la critique spécialisée (c'est un maharishi pour les fanzines), mais surtout par le public de plus en plus vaste que lui ouvre la télé. Les festivals Tex Avery, les hommages, les rétrospectives lui bâtissent un Taj Mahal, un palais fantôme, faut-il le dire, totalement officieux, peut-être même à jamais clandestin.

Les États-Unis sont le pays de l'impermanence. On n'y trouve pas d'équivalent à nos cinémathèques restauratrices, à notre Bibliothèque nationale, à nos collections de poche consacrées aux auteurs de cinéma. Les idées de contrat type, de sociétés d'auteurs multimédias, d'états généraux du cinéma d'auteur y seraient impensables. Toutes les gloires d'Hollywood, de Chaplin à Ford et à Hitchcock, sans l'Europe seraient passées à l'oubli. Truffaut a immortalisé le père Hitch, mais n'a pas eu le temps de faire de même pour Spielberg. Le rêve d'un musée de Hollywood, dont il fut sérieusement question dans les années soixante, a fait long feu. Les anciens studios Chaplin, Sennett, Roach, ou Griffith, sont remplacés depuis longtemps par des stations-service ou des cafétérias. Les firmes qui monnayaient à satiété les droits de reproduction de simples photographies de film valant prix d'or dans les Cinemabilia de quartier ne conservent aucun service de presse permanent sur leur propre histoire. Exception faite peut-être de la Metro, qui a vendu aux enchères les souvenirs du *Magicien d'Oz* et d'*Autant en emporte le vent*, mais dont on remarque qu'elle a mieux défendu les Tex Avery devant le Moloch de la télévision que la Warner ou la Universal. Faute d'institutions conservatrices (la notion de patrimoine culturel n'existe pas aux États-Unis) les copies de film disparaissent, le Technicolor se dénature avec le temps (on connaît le cri d'alarme lancé à ce sujet par Coppola et par Scorsese), et on se soucie plus à Zagreb, Montréal et Annecy de l'histoire de l'Animation qu'à Los Angeles qui l'a vue naître. La rentabilité immédiate, credo de la culture de consommation, tue rapidement le souvenir.

Le géant Walt Disney, en occupant le terrain obstinément, avunculairement (sa dynastie de sous-traitants se partageant les récompenses, les records d'entrées, et l'héritage plastique résolument intact), à chaque période de fêtes familiales, à chaque ressortie visant de nouvelles générations en disponibilité totale (on redouble éventuellement les voix de temps à autre), en régnant *ad libitum* sur les parcs d'attraction à venir (Marne-la-Vallée, toujours renégocié, devient le nouveau tunnel sous la Manche), Walt Disney donc, et ce nom est bien loin d'être passé dans le domaine public, devient petit à petit une formidable idée reçue.

Tex Avery, au contraire, surprend toujours par la fraîcheur de son entreprise où n'entra jamais nul planning. Il est plus payant certes de s'illustrer dans une opposition toujours vivace que d'associer son sort à une majorité, fût-elle écrasante. Tex Avery est un immortel indéclassable comme La Fontaine, Offenbach ou Feydeau (n'est-il pas somme toute le La Fontaine d'un fabulaire nouveau ?).

En marge de cette Amérique opulente, ciblée, électronique que représente l'oncle Walt, Tex Avery demeure commodément une *terra incognita*, un pointillé, un blanc géographique, ponctué il est vrai de fous rires immanquables. Il est une légende pour les fans de l'Animation et les téléspectateurs bien équipés de cassettes, mais dépend des livres et revues européens que se disputent les bibliothèques des universités américaines, plus intelligemment gérées que la Library of Congress.

Pour l'imaginaire du cinéma, le texte écrit joue encore un rôle primordial, et la Bibliothèque de Babel rêvée par Borges aura d'impressionnantes sections cinéphiliques. Dans le domaine de l'Animation, les revues, aux États-Unis comme en Europe, sont d'efficaces vases communicants. Sur Tex Avery, on a longtemps plus lu dans des périodiques comme *Funnyworld*, *Film Comment*, *Take one* ou *Film Dope* que dans les très rares volumes publiés sur le sujet [1].

Notons qu'en France, *Positif* n'a pas été relayé par les revues à la mode. *Les Cahiers du cinéma*, la revue récupératrice par excellence, et malgré la présence de Jacques Doniol-Valcroze au comité de rédaction pen-

1. Voir la bibliographie.

dant plus de vingt ans, n'ont jamais soufflé mot de Tex Avery, et se sont totalement désintéressés de l'Animation en général, sur laquelle leurs index restent encore aujourd'hui désespérément muets.

Avery perdure donc et dévide l'étoffe des songes sans écho. Le mystère a sa façon de rendre sa justice. Après l'avoir longtemps minimisé, il l'avantage en fin de marathon. Un grand animateur comme Chuck Jones, l'égal historique d'Avery, et son allié le plus efficace comme on l'a vu, laisse apparemment plus de traces objectives, grâce à son activité fervente d'enseignant, de conférencier, de commentateur lucide et de témoin vivant, prolixe, voire d'acteur. Pourtant il n'a pas encore développé de légendaire véritable et demeure pour l'instant moins mythique que son ami Tex. Nous ne le déplorons pas, nous le constatons.

Alors le rêve passe, comme on dit, et n'en finit pas de passer. J'ai rêvé pour ma part, prenant bonne note à mon réveil, comme le veut une certaine pratique surréaliste, j'ai rêvé que je découvrais un Tex Avery inédit dans mon téléviseur. Une puce avérienne, grimée en clown comme celle de *What Price Fleadom*, avec un petit chapeau rouge, un nez de plastique et de grands cils mouillés, regardait dans un microscope et poussait un cri d'horreur. Effet sonore à l'intérieur du rêve : le cri de la puce, simulacre d'exclamation, était clownesque, une paraphrase outrée de l'inaudible qui me fit rire tout en dormant (oui, le rire se propage dans l'inconscient) sous le choc de la reconnaissance d'un style inimitable. Était-ce ressassement et refabrication d'un *A la manière de* comme il s'en produit quelquefois dans le sommeil, était-ce une vision hybride issue à la fois des mondes de Fessenden et de regrets inexprimés, était-ce une projection somnambulique de *l'Homme qui rétrécit* et de ses vertiges sur l'infiniment petit ? Je l'ignore, mais le ravissement dans mon rêve venait (je l'ai noté) de la découverte tant espérée de cette merveille, l'Avery inconnu, plus magique que le vin nouveau, et beaucoup plus grisant, je le parierais.

ANNEXE

Tex Avery ou le délire lucide

par Petr Kral [1]

CONTRAIREMENT au dessin animé slave — dont la première vague recouvre à peu près la même époque — l'œuvre d'Avery (1942-1957) renouvelle le cartoon non pas en l'élevant au rang de l'Art, mais en remontant à sa source. Avery ne cherche pas à donner au genre un langage esthétique inédit ; il lui suffit de redécouvrir, avec un nouvel émerveillement

1. Extrait de *Positif*, n° 160, juin 1974.

et une nouvelle violence, cette qualité élémentaire qui, avant que les Blanche-Neige et Cie ne l'aient dissimulée sous le carré blanc de leur chaste sourire, s'était déjà affirmée comme essentielle dans les premiers Mickey Mouse ou Popeye : à savoir le simple pouvoir du cartoon d'étendre jusqu'à l'impossible les limites du monde objectif, de donner corps, sur l'écran, aux situations et idées les plus « insensées », où l'humour retrouve son « unité première » avec la poésie. Pour restituer ce pouvoir au genre, Avery n'avait nul besoin de renoncer au dessin « classique » (et, malgré toute stylisation, fort concret et essentiellement réaliste) dans lequel avaient été conçus les héros d'un Disney ou d'un Fleischer ; si, à la différence du burlesque avec acteurs, où l'étincelle jaillit du *conflit* réel-imaginaire, le principal atout du cartoon est de pouvoir totalement soumettre le premier au second, il n'en est pas moins vrai que cette soumission sera d'autant mieux perçue que le réel maltraité restera plus reconnaissable et « directement » présent.

Cela dit, l'œuvre d'Avery est à *tous* les autres cartoons qui peuvent lui être comparés, des plus réussies des Silly Symphonies aux meilleurs Tom et Jerry, ce que les Marx sont, mettons, à Laurel et Hardy : poussant l'absurde jusqu'au délire, le non-sens jusqu'au « merveilleux » surréaliste et le gag jusqu'au cauchemar, rejetant superbement tout prétexte rationnel pour assaillir l'écran et le spectateur, comme d'autant de gifles lumineuses, de mille inventions éclairs, élevant la bataille de tartes à la crème à un niveau cosmique, découvrant aux gentils animaux de la fable une forte libido, et finalement retournant le pouvoir corrosif du gag contre lui-même, cette œuvre fait fatalement apparaître les autres comme conformistes ou, au mieux, comme simples préludes à ces magnifiques orgies. Même si le nom d'Avery ne figure point sur la liste des « meilleurs auteurs de films d'animation », établie en 1971, à l'initiative des Archives du film de Bucarest, par la crème internationale des experts (voir *Écran 73*, n° 11, p. 62-63), certaines trouvailles du réalisateur appartiennent désormais aux images les plus libres et audacieuses qu'on ait jamais pu voir sur un écran : un canari et un chat géants debout sur un globe dérisoire (*Drôle de canari*), une langue de chien se prolongeant à volonté et serpentant à travers un paysage enneigé pour faire exploser, le plus loin possible, la bombe posée à son extrémité (*Barnaby le ronfleur*), une pluie magrittienne de toutes sortes d'objets, d'une simple brique à un orgue ou une locomotive, tombant littéralement du ciel sur un chat plus guignard que nature (*Bad Luck Blackie*)...

Lorsque, dans *le Cirque des puces*, une puce avaleuse de sabres fait disparaître dans son corps minuscule une épée cent fois plus grande qu'elle, on se trouve devant une énigme aussi déroutante que les plus fameuses « devinettes » philosophiques, tel le problème de l'œuf et de la poule. Les métaphores d'Avery ne sont guère moins culottées : les veinules sur les yeux d'un chien fatigué composent la carte routière des États-Unis ; les dents, qui — après qu'une fusée a explosé dans sa gueule — s'abattent en pluie blanche sur la langue du même molosse, forment une parfaite miniature d'igloo esquimau (*Cocorico*).

Il ne serait cependant pas juste de ramener toute l'œuvre d'Avery à un simple « délire » libérateur — d'autant qu'il s'agit là d'une formule employée aujourd'hui à propos de n'importe quoi. A côté du désir, c'est aussi une *pensée* qui cherche à s'affirmer à travers les phantasmes avériens. Là encore, certes, rien à voir avec le moralisme des films d'animation « ambitieux », dissimulant si souvent, sous leur apparente « profondeur », les illusions et les clichés les plus naïfs du vieil humanisme (l'amour du prochain, les puissants Goliath vaincus par l'intelligence des petits David, etc. [1]). D'autant plus juste et authentique qu'elle se revèle en toute spontanéité et en liaison

1. Le déroutant Droopy, qui, malgré son apparence minable, l'emporte infailliblement dans toutes sortes d'épreuves sur les plus redoutables adversaires, est tout le contraire d'un David : jamais expliquée ni justifiée, son étonnante invincibilité, au lieu de traduire quelque force morale, n'est qu'une monstruosité avérienne parmi d'autres.

organique avec une « vision » concrète, la pensée d'Avery soumet, au contraire, les idées reçues à une rigoureuse critique ; la vision du monde qu'elle dresse à l'arrière-plan du « délire » est même à ce point lucide qu'elle en devient parfois difficilement soutenable. Si effrénée soit-elle, l'imagination, ici, n'est en aucun cas appelée à dissimuler les limites que la réalisation des désirs rencontre dans la vie : elle les met plutôt en relief, ne serait-ce que par antiphrase. Les innombrables gags où l'humour d'Avery et de ses dessinateurs s'exerce délibérément aux dépens des auteurs, attirant brusquement l'attention sur le tire-ligne auquel leurs héros doivent la vie, apparaissent d'ailleurs comme une véritable mise en garde contre toute confusion abusive entre les mondes extérieur et intérieur, entre le réel et son « double » poétique : le terrible Billy la fringale, dévorant insatiablement tout ce qu'il trouve sur son chemin, se met à avaler l'image même du film ; le panoramique sur un interminable canon s'arrête, un instant, sur l'inscription « C'est long, n'est-ce pas ? » (*The Blitz Wolf*) ; un personnage attrape un petit poil, apparemment collé à la fenêtre du projecteur, et le jette hors de l'écran... D'autres gags prennent d'ailleurs une signification analogue de par l'excès même de leur absurdité : l'indestructible coq de *Cocorico* réussit à se cacher à l'intérieur d'une simple planche (d'où il ne fait surgir, devant la gueule ahurie de son adversaire, que sa seule tête) ; le shérif de *Droopy au Far West*, pour empêcher un élan en fureur de s'échapper de la grange où il l'a enfermé, plie la porte de celle-ci comme un pan de tissu jusqu'à la réduire aux dimensions d'un mouchoir qu'il met nonchalamment dans sa poche.

Mais c'est surtout dans le caractère même de ses personnages, ainsi que dans leurs rapports mutuels, que Tex Avery fait preuve d'une implacable et parfois terrible lucidité. Violents, lubriques, méchants, les héros qui peuplent ses films — hommes ou animaux — mettent en évidence, sans sentimentalité aucune, les impitoyables mécanismes, psychologiques autant que sociaux, qui régissent journellement la vie, derrière la façade des idéologies et des convenances. Ils mettent systématiquement à nu la morale traditionnelle, en ramenant ses problématiques lois à celles, autrement impérieuses, des fonctions et besoins matériels que celle-ci prétend en vain « sublimer » : ainsi le nain qui, dans *le Gentil Cordonnier*, réagit aux cris d'un camarade blessé en recouvrant celui-ci avec un verre renversé, pour que le bruit ne le dérange pas dans son travail. Loin de revêtir l'aspect d'une fable, la vie, chez Avery, c'est d'abord la lutte toute biologique de chacun pour survivre, au besoin au détriment d'autrui. Cet aspect de l'existence apparaît notamment à travers les thèmes — proprement obsédants chez le cinéaste — de la gloutonnerie et du parasitisme, ressorts de quelques-unes des images les plus terrifiantes de la filmographie avérienne : un chien qu'un chœur de puces chantantes change en un poste de radio vivant (*le Cirque des puces*) ; un troupeau de brebis affamées qui transforme en quelques secondes un paysage en désert (*Droopy le conquérant*) et évidemment l'insatiable Billy la fringale avalant sans distinction mappemondes, chevaux, maisons ou rails de chemin de fer et qui, lorsque son tuteur réussit à s'en débarrasser en l'envoyant sur la lune, finit par dévorer également cette dernière. L'antagonisme de leurs intérêts prend d'ailleurs, chez les héros d'Avery, un caractère tout aussi aveugle et fatal que leur « sauvagerie » égoïste : les rapports entre le chien et le coq de *Cocorico*, éprouvant chacun un irrésistible besoin de hurler ou de crier au moment précis où l'autre se couche pour dormir, ne semblent pas moins dénués d'issue que ceux qu'entretiennent les personnages d'un Beckett. Mais l'agressivité, dans laquelle, à travers ses héros, Avery dévoile une force fondamentale de la vie, n'est pas seulement fonction de nécessités matérielles ; c'est aussi un besoin psychique, une méchanceté génératrice de plaisir et qui ne manque pas de se manifester, *nécessairement*, également en dehors de toute justification : même les généreux nains du *Gentil Cordonnier*, venus en cachette chez celui-ci pour exécuter à sa place toutes ses commandes, ne se privent pas, pendant qu'ils accomplissent cette louable mission, de se jouer les pires tours. (La plupart de ses « personnages » étant des animaux, Avery découvre évidemment l'agressivité « gratuite » jusque dans la nature, contestant également le cliché selon lequel cette dernière, contrairement à la société, ne connaîtrait que des luttes parfaitement « fair-play ».) Finalement, Avery en arrive à mettre en doute jusqu'à l'ensemble de la Création, voire les fondements mêmes de notre univers : de l'étonnante disponibilité de presque tous ses héros à toutes sortes de déformations — y compris le démontage complet — jusqu'à la faune tout à fait inédite, hybride et monstrueuse du *Chat misanthrope* ou du *Pygmée demi-portion*, des voitures qui s'anéantissent à mesure même qu'elles avancent (*Red Hot Riding Hood*) aux véritables catastrophes cosmiques sur lesquelles s'achèvent *Drôle de canari* et *Billy la fringale* — en passant par l'image glaçante d'un chien tenant entre ses pattes, là où devrait être sa tête, le seul *orifice* d'un sac anéanti, ne contemplant que son propre vide (*Rien ne sert de tricher*) —, cet univers échappe constamment à l'image abusivement rassurante que l'homme s'est faite du monde, pour apparaître au contraire comme un système extrêmement précaire, perpétuellement guetté par quelque dérèglement sournois le livrant sans tarder à des transmutations insoupçonnées.

Bien entendu, toutes ces implications « profondes »

n'apparaissent chez Avery qu'au « second degré », en marge de gags et d'images placés à l'origine sous les seuls signes du rire et de l'émerveillement et qui n'ont point besoin d'autre justification que leur propre liberté : c'est en cela qu'Avery est un poète authentique, et que ces implications valent la peine d'être relevées.

Encore à l'heure actuelle, l'œuvre de Tex Avery représente une limite que le dessin animé n'a toujours pas su dépasser — à la seule exception, certes, de l'admirable *Sous-Marin jaune* (où d'ailleurs une séquence entière, celle des « bottes vivantes », rend plus ou moins explicitement hommage à Avery). Ce ne sont certes pas les modestes audaces d'un *Fritz the Cat* qui nous feront oublier la déroutante énormité des trouvailles avériennes... La voie reste pourtant ouverte : si Avery fut le premier à démontrer que *tout*, dans un dessin animé, est possible, même — voire surtout — l'impossible, le nombre de délires *personnels* dans lesquels son œuvre peut trouver d'autres prolongements est évidemment sans limite. Je veux croire qu'ils ne vont pas tarder à prendre effectivement corps. Des meilleures bandes dessinées « underground » à l'œuvre de quelques-uns des plus inspirés parmi les peintres actuels, un grand nombre de ces « délires » sont après tout déjà réalisés, prêts à nous offrir, une fois animés, un spectacle cent fois plus fascinant que les films les plus novateurs d'un

Lenica ou d'un McLaren : qu'on imagine seulement ce que pourraient devenir sur l'écran les « comics » de Jacovitti, les « enseignes » de Jean-Claude Silbermann, les « collages revêtus » d'Anne Ethuin ou les « contourages » du Tchèque Martin Stejskal. Les poètes du dessin et de la peinture se priveront-ils encore longtemps de voir leurs images *vivre* ?

Bibliographie raisonnée

Jacques Doniol-Valcroze, « Un savoureux western animé : *Un petit bar sans histoire* », *Revue du cinéma*, février 1947. (A notre connaissance, c'est le premier article paru sur Tex Avery.)

Abner Lepetit, « Bilan du dessin animé », *L'Age du cinéma*, mars 1951.

Ado Kyrou, « Les êtres dessinés », *Le Surréalisme au cinéma*, Paris, Losfeld, 1952.

Robert Benayoun, « Bilan du nouveau dessin animé », *Positif*, n° 12, novembre-décembre 1954.

Robert Benayoun, « Les dessins animés de Tex Avery », *Demain*, août 1956.

Louis Seguin, « Le phœnix », *Positif*, n° 18, novembre 1956.

Robert Benayoun, « La structure du gag », *Cinéma 57*, n° 14, janvier 1957.

Marcel Ranchal, « La fête de Saint-Tex », *Positif*, n° 21, février 1957.

Paul-Louis Thirard, « L'animation en 1959 », *Positif*, n° 32, novembre 1959.

Ado Kyrou, « Dessins animés », *Amour, Surréalisme et Cinéma*, Paris, Losfeld, 1959.

Robert Benayoun, « Tex Avery ou le cosmos en perdition », *Le Dessin animé après Walt Disney*, Paris, Pauvert, 1961.

Robert Benayoun, « Le dossier Tex Avery », *Positif*, n° 54-55, juillet-août 1963.

Robert Benayoun, « Entretien avec l'insaisissable », *Positif*, n° 57, décembre 1963.

Robert Benayoun, « Tex Avery », *Dossiers du cinéma*, 1971.

Joe Adamson, « You couldn't Get Chaplin in a Milk Bottle, an Interview With Tex Avery », *Take One*, février 1970, Montréal (trad. fr., *Écran 73*, janvier 1973).

Robert Benayoun, « Tex Avery existe, je l'ai rencontré », *Le Point*, n° 87, décembre 1973.

Petr Kral, « Tex Avery, ou le délire lucide », *Positif*, n° 160, juin 1974.

Joe Adamson, *Tex Avery King of the Cartoons*, New York, Popular Library, 1975.

Jonathan Rosenbaum, « Tex Avery », *Film Comment*, « The Hollywood Cartoon », janvier-février 1975.

Greg Ford, *Tex Avery Program Notes*, Zagreb, catalogue d'une exposition, 1978.

Collectif, *Tex Avery, la folie du cartoon*, Enghien, Fantasmagorie, 1979. (Nombreux essais et interviews, entre autres de Tex Avery, par Adamson ; nombreux photogrammes inédits.)

Sylvie Volzé-Valaire, « Les représentations féminines chez Tex Avery », *Banc Titre*, n° 14, octobre 1980.

Gerald et Danny Peary, « *The American Animated Cartoon* », anthologie critique, « Les cartoons de Tex Avery », Ronnie Scheib, New York, Dutton, 1980.

Leonard Maltin, *Of Mice and Magic* (A History of American Animated Cartoons), 1980.

Patrick Brion, *Tex Avery*, Paris, Le Chêne, 1984. (Luxueux album, nombreux photogrammes couleurs et dessins inédits.)

Longs articles signés sur Tex Avery par Bernard Cohn dans le *Dictionnaire du cinéma* (Paris, PUF, 1966) et par Robert Benayoun dans l'*Encyclopédie Larousse du cinéma* (Paris, 1986).

Table

COMPOSÉ PAR CHARENTE-PHOTOGRAVURE À ANGOULÊME (CHARENTE)
ET TIRÉ PAR BRODARD ET TAUPIN À LA FLÈCHE (SARTHE)
DÉPÔT LÉGAL : JANVIER 1988. N° 9870 (1267-5)

Collection Points

SÉRIE POINT-VIRGULE

V1. Manuel de savoir-vivre à l'usage des rustres et des malpolis
par Pierre Desproges
V2. Petit Fictionnaire illustré
par Alain Finkielkraut
V3. Quand j'avais cinq ans, je m'ai tué
par Howard Buten
V4. Lettres à sa fille (1877-1902)
par Calamity Jane
V5. Café Panique, *par Roland Topor*
V6. Le Jardin de ciment, *par Ian McEwan*
V7. L'Age-déraison, *par Daniel Rondeau*
V8. Juliette a-t-elle un grand Cui?
par Hélène Ray
V9. T'es pas mort!, *par Antonio Skarmeta*
V10. Petite Fille rouge avec un couteau
par Myrielle Marc
V11. Manuel à l'usage des enfants qui ont des parents difficiles
par Jeanne Van den Brouck
V12. Le A nouveau est arrivé
par Pierre Ziegelmeyer et Jean-Benoît Thirion
V13. Comment faire l'enfant (17 leçons pour ne pas grandir)
par Delia Ephron
V14. Zig-Zag, *par Alain Cahen*
V15. Plumards, de cheval, *par Groucho Marx*
V16. Bleu, je veux, *par Gisèle Bienne*
V17. Moi et les Autres, *par Albert Jacquard*
V18. Au vrai chic anatomique, *par Frédéric Pagès*
V19. Le Petit Pater illustré, *par Jacques Pater*
V20. Cherche souris pour garder chat, *par Hélène Ray*
V21. Un enfant dans la guerre, *par Saïd Ferdi*
V22. La Danse du coucou, *par Aidan Chambers*
V23. Mémoires d'un amant lamentable, *par Groucho Marx*
V24. Le Cœur sous le rouleau compresseur
par Howard Buten
V25. Le Cinéma américain. Les années cinquante
par Olivier-René Veillon
V26. Voilà un baiser, *par Anne Perry-Bouquet*
V27. Le Cycliste de San Cristobal, *par Antonio Skarmeta*
V28. Tchao l'enfance, craignos l'amour, *par Delia Ephron*
V29. Mémoires capitales, *par Groucho Marx*

V30. Dieu, Shakespeare et Moi, *par Woody Allen*
V31. Dictionnaire superflu à l'usage de l'élite et des bien nantis *par Pierre Desproges*
V32. Je t'aime, je te tue, *par Morgan Sportès*
V33. Rock-Vinyl (Pour une discothèque du rock) *par Jean-Marie Leduc*
V34. Le Manuel du parfait petit masochiste *par Dan Greenburg*
V35. L'Oiseau Canadèche, *par Jim Dodge*
V36. Des sous et des hommes, *par Jean-Marie Albertini*
V37. De l'univers à nous, *par Robert Clarke*
V38. Pour en finir une bonne fois pour toutes avec la culture *par Woody Allen*
V39. Le Gone du Chaâba, *par Azouz Begag*
V40. Le Cinéma américain. Les années trente *par Olivier-René Veillon*
V41. Mistral gagnant, chansons et dessins, *par Renaud*
V42. Les Aventures d'Adrian Mole, 15 ans, *par Sue Townsend*
V43. Le Palais des claques, *par Pascal Bruckner*
V44. La Cuisine cannibale, *par Roland Topor*
V45. Le Livre d'Étoile, *par Gil Ben Aych*
V46. Les Dingues du nonsense, *par Robert Benayoun*
V47. Le Grand Cerf-Volant, *par Gilles Vigneault*
V48. Comment choisir son psychanalyste, *par Oreste Saint-Drôme*
V49. Slapstick, *par Buster Keaton*
V50. Chroniques de la haine ordinaire, *par Pierre Desproges*
V51. Cinq Milliards d'Hommes dans un vaisseau *par Albert Jacquard*
V52. Rien à voir avec une autre histoire, *par Griselda Gambaro*
V53. Comment faire son alyah en vingt leçons, *par Moshé Gaash*
V54. A rebrousse-poil, *par Roland Topor et Henri Xhonneux*
V55. Vive la Sociale !, *par Gérard Mordillat*
V56. Ma gueule d'atmosphère, *par Alain Gillot-Pétré*
V57. Le Mystère Tex Avery, *par Robert Benayoun*